Écrire, c'est comme peindre par des mots le tableau de son âme !

Patrick Edène

PRÉSENTATION

Je présente ci-dessous les motivations qui m'ont fait choisir la forme poétique néoclassique plutôt que les deux autres formes qui sont nommées respectivement classique et libre.

Ce qui m'intéresse en poésie, c'est que les nombres réguliers des syllabes des vers et les fins de ces vers écrites en rimes fassent, pour ainsi dire, chanter les concepts des poèmes dans l'esprit de celui qui les lit. Ainsi l'œuvre emporte le lecteur au cœur de mélodies sonores et conceptuelles qui peuvent alors faire écho au chant divin de son âme. La poésie libre étant le plus souvent sans rimes et sans syllabes régulières, elle ne peut donc me convenir.

Par conséquent, j'aime que mes écrits riment, que les syllabes de chaque vers harmonisent le poème et que les sons et les sens des mots s'unissent dans un accord étroit pour créer une symphonie poétique ! Cela exprimé, ces règles faisant parties de la poésie classique, celle-ci me confronte à quelques autres règles complexes que je considère excessives et que je ne cherche donc pas à appliquer. Ces règles ont été précisées et codifiées par François de Malherbe (1555-1628) et Nicolas Boileau (1636-1711).

J'applique donc seulement l'usage du même nombre de syllabes entre les vers d'un poème, celui aussi du non comptage, en tant que syllabe, des « e » dits muets situés à la fin des mots qui se trouvent devant un autre mot qui commence par une voyelle et celui des rimes les plus riches possibles.

Mais je ne veux pas, par exemple, limiter ma créativité dans le carcan des formes fixes des poèmes de la poésie classique tels que sonnet, pantoum, ballade, triolet, villanelle, rondeau, rondel, lai, iambes et terza rima. Leurs structures ne me gênent pas vraiment pour créer, mais elles peuvent réduire les possibilités des précisions conceptuelles que je jugerais primordiales pour mon œuvre. De temps à autres, certes, par plaisir du challenge ou par désir d'expérience personnelle, je peux choisir l'une de ces structures si j'estime pouvoir réussir à lui donner l'expression exhaustive de mon propos. D'ailleurs, j'invente, comme tout auteur de poèmes peut le faire, des formes qui peuvent devenir un jour, pourquoi pas, des formes fixes.

Je ne me préoccupe pas des diphtongues appelées synérèses ou diérèses selon que l'on compte une ou deux syllabes dans les mots qui contiennent deux voyelles qui se succèdent comme dans le mot « miel » par exemple. Des mots sont ainsi comptés deux syllabes par la poésie classique comme, par exemple, le mot « pluie », ce qui, à mon avis, perturbe la beauté rythmique d'un vers contenant ce mot car en notre époque nous ne prononçons pas plu-ie tout comme le mot « lion » même si, par exemple, Victor Hugo compta deux syllabes dans ce mot pour en faire douze en tout dans un vers de l'un de ses poèmes. Par conséquent, je ne m'occupe en ce sujet que de la prononciation actuelle des mots qui ont des voyelles qui se succèdent, non des règles classiques.

Je n'applique pas l'obligation d'écrire un mot commençant par une voyelle après un autre mot finissant par une voyelle quand celui-ci est placé à la césure d'un vers. C'est une règle complexe qui oblige donc la création d'une élision même si ce n'est pas souhaité. Une élision est le fait de ne pas prononcer ni compter en tant que syllabe un « e » qui finit un mot placé devant un autre mot commençant par une voyelle. Et je ne m'oblige pas à écrire après un mot finissant par deux voyelles, un mot commençant par une voyelle.

Je ne cherche pas à éviter les échos qui sont des mots aux sons qui se ressemblent dans un même vers ou dans deux vers et, ce, à des emplacements prohibés par la poésie classique. Je ne m'occupe pas d'éviter les mots qui contiennent des hiatus qui sont, selon les règles classiques qui en tolèrent quelques uns, des heurts entre deux voyelles dans un même mot tel que « aérée ». Si mon poème l'exige, je ne rejette pas l'union d'une rime masculine et d'une rime féminine quand leurs sons et leurs sens enrichissent mon propos. Qui plus est, cela me semble ainsi correspondre à la loi la plus puissante de la nature ! Pour les mêmes raisons, je ne me préoccupe nullement des rimes au pluriel et au singulier qui ne sont classiquement pas à lier. Je rejette les licences que s'autorisent un peu facilement les poètes classiques qui abîment les mots. Et j'évite au plus possible les enjambements, les rejets et les contre-rejets qui font différer les longueurs des vers et des phrases par l'utilisation de bouts de phrases non ponctués pour terminer un vers.

En ce qui me concerne, je tente d'atteindre à ma manière une beauté des sens et des sons en tant que poète néoclassique et j'espère, chère lectrice et cher lecteur, que vous penserez que j'ai eu raison !

LA LIBERTÉ

Vous pouvez, certes, tenter de me nier ou de me lier ;
Essayer de m'appauvrir par les gens que vous spoliez,
Ou m'interdire, m'infirmer voire me supprimer,
Je surgirai partout, en tout, toujours plus affirmée !

Vous pouvez m'écraser, ici ou là, sous votre poids,
Par les vils abus de vos violences et de vos faux droits,
Me faire marcher, soumise, tel Jésus portant sa croix,
Je reviendrai encore, sans cesse, plus ferme de foi !

Vous pouvez tenter de me trahir ou de me tuer,
De m'asservir, de me nuire ou de me destituer,
De me brûler, de m'ensevelir ou de m'emmurer,
Je renaîtrai pourtant, à chaque fois mieux déterrée !

Vous pouvez m'étouffer par vos infernales dictatures
Et m'enfermer dans les vieux coffres de vos forfaitures ;
Me détruire ou me faire taire lors de vos tortures,
Je m'exprimerai plus fort par la voix de ma nature !

Vous pouvez vouloir me faire expier vos propres péchés,
Me diminuer, m'amputer ou même me trancher,
Me faire périr en m'altérant de plusieurs façons,
Je durcirai de plus en plus comme l'eau en glaçon !

Car je suis dans l'espace, dans les arbres, dans les oiseaux
Dans le vent, dans les fleurs, les nénuphars et les roseaux ;
Je suis dans tout être, dans les rivières et dans le temps,
Dans l'été, dans l'automne, dans l'hiver et le printemps !
Car je suis dans les espoirs, dans les regards, dans les corps,
Dans tous les lieux, à l'infini, au sud, est, ouest et nord ;
Je suis dans les amours, dans l'homme et aussi dans la femme,
Dans le souffle de chacun et à l'intérieur des âmes !
Car je suis la force en tout, aux pouvoirs illimités ;
Je suis l'existence et la vie, je suis la Liberté !

JUSTICE

Aveugle et sourde est la patrie reconnaissante
Quand elle honore de trop de gloire étourdissante,
Ceux qui par un heureux destin sont devenus
Des illustres personnes au talent reconnu
Et qu'elle ne comprend pas que la fleur éclose
A reçu de racines, sa force de rose !

Injustes et graves sont les articles des lois
Sous lesquelles l'esprit du peuple soumis ploie,
Forcé de penser que seuls peu d'hommes sont dignes
De recevoir, de la Présidence, un insigne,
Une médaille, une belle décoration
Dont l'emblème est une illusion de la Nation !

Dressé dans le ciel de Paris, le Panthéon
Se gonfle d'orgueil pour luire comme un néon
Dont on voit la lumière mais non l'invention,
Par habitude à ne fixer son attention
Que sur ce qui est porté, non sur ce qui porte,
Comme si l'effet vivait la cause étant morte !

Partout des monuments glorifient quelques êtres
En ignorant ceux qui les ont fait apparaître,
En niant les aides multiples nécessaires
A tous les glorifiés qui sont donc des faussaires
Si l'on suppose que rien d'autrui n'est en eux
Ou qu'il n'y a pas deux bouts de fils dans un nœud !

Sortons de terre les mausolées de l'histoire,
Mais sachons les utiliser comme écritoires
Pour inscrire, pour toujours, au fond des mémoires
Et au fond de tout cœur, même sur les grimoires,
Les noms des vaillants, soit, mais aussi de leurs frères,
Démontrant aux cieux qu'ils sont tous des dieux sur terre !

Oui ! Honorons les exploits des intelligents
Mais comprenons qu'ils les font avec d'autres gens,
Sans omettre de savoir que tous ceux qui brillent
Portent leur grandeur, tels les garçons par les filles,
En partie par ceux qui ont pu les révéler,
Ces gens dont l'esprit de bien au leur est mêlé !

MÉDITER

Méditer,
Quand la splendeur d'un coucher de soleil sur Paris,
Conduit la pensée dans les profondeurs de l'esprit.

Méditer,
Tel un pouvoir de recouvrer notre liberté,
Permet d'effacer nos nombreuses difficultés !

Méditer,
Plaisant acte d'âme qui remplit le cœur de paix,
L'esprit bien heureux de vivre enfin ce qui lui plaît !

Méditer,
En construisant par l'énergie de notre conscience
Tout ce qui mire de l'être, sa magnificence !

Méditer,
Pour alléger nos tensions puis les voir disparaître
Et se reposer tel un enfant qui vient de naître !

Méditer,
Pour entrer dans l'espace des lumières de soi
Et se rasseoir enfin sur notre trône de roi !

AUTODESTRUCTION

Dans la pensée des nantis se trouvent étrangement,
En notre société où chacun veut y bien vivre,
Deux désirs opposés issus de leur jugement
Dont on pourrait croire qu'il provient de fripons ivres.

Le premier est d'acheter tout le moins cher possible
Que ce soit pour manger, boire, dormir, voyager,
Jouer, se détendre et se vêtir, liste extensible,
En sous-payant alors des prolétaires étrangers.

Le second est de gagner un maximum d'argent,
Que ce soit en vendant des articles commerciaux
Ou leur voiture ou leur maison, non aux indigents
Mais à des clients assez fortunés voire idiots.

Cela parait contradictoire et antagoniste
Et crée des violences dans les rapports financiers
Entre ces citoyens qui, ainsi, sont égoïstes
Et rendent leur compassion dure comme l'acier.

Ainsi quelqu'un fait son prix à un très haut niveau
De savoir que ce qu'il vend est beaucoup demandé,
Ne cherchant pas à connaître si cela le vaut
Et sans, donc, améliorer le monde ou l'amender !

Un autre sachant qu'il y a une pénurie
D'un bon produit vraiment nécessaire à l'existence,
Le vend très cher à tous comme aux pauvres ahuris
Forcés de s'en priver par une telle sentence !

On entend dans les couloirs de la mauvaise foi :
« Oh c'est normal, c'est la mentalité appliquée,
Je dois faire pareil pour être juste envers moi ;
Les autres n'ont qu'à donc l'accepter ou abdiquer ! »

.../...

Voilà notre triste sort où chacun de nous, seul,
Décide ce que doit être notre société
Que les personnalités politiques aussi veulent
Pour pouvoir être élues, créant donc l'iniquité !

Soudain, cette fois, on entend l'un de nous crier :
« Le mauvais destin est venu frapper ma famille ! »
Et il se met à quémander et à supplier
Puis, le mauvais coup passé, il vole encore ou pille !

Par ces manières de vouloir tout payer peu cher
Dans les magasins ou sur les sites d'Internet,
Dans les petits commerces ou dans les ventes aux enchères,
Notre société est de moins en moins à la fête.

Par ces façons de toujours désirer gagner plus,
Même en trompant l'acheteur pour prendre son pécule,
Même en l'obligeant à s'endetter trop, pauvre gus,
L'évolution sociale n'avance pas mais recule.

Posséder toujours plus même si c'est n'importe quoi,
Même si c'est faire travailler, au sein de pesticides
Ou sous la terre, des enfants d'un pays sans loi,
Est vraiment, c'est flagrant, le monde qui se suicide !

DONNER, TOUJOURS DONNER

Donner pour le plaisir, que l'on soit jeune ou très âgé.
Donner pour mieux savoir ce qu'est la joie de partager.

Donner pour découvrir la source infinie du bonheur.
Donner pour bien faire de chaque temps une bonne heure.

Donner l'amour que l'on contient, en vérité, en soi.
Donner la paix que l'on veut pour en connaître la joie.

Donner pour bien comprendre la nature de la vie.
Donner pour faire apparaître, en chacun, la même envie.

Donner l'espoir que l'humanité peut être meilleure.
Donner à ceux qui manquent de tout, ici ou ailleurs.

Donner pour apaiser à l'instar d'un soleil d'hiver.
Donner pour être ce qu'est l'essence de l'univers !

CHAMPIONS DU MONDE
2018

Le grand stade contenait en sa panse
D'innombrables supporters de la France
Qui chantaient l'hymne du pays en chœur,
En couvrant les bruits joyeux de leurs cœurs.

Sur le terrain les joueurs riaient fort,
Pleuraient aussi suite à ce dur effort
Mais enfin, vingt ans après la première,
Ils venaient de gagner heureux et fiers,
La coupe convoitée tous les quatre ans
Qui rend les sportifs plus beaux et plus grands !

Deux milliards de gens venaient de tout voir,
Témoins de l'un des exploits de l'histoire :
Quatre buts marqués contre des Croates
Qui maudiraient peut être cette date
S'ils n'étaient pas, eux aussi, des géants
Dont les noms sortirent ainsi du néant !

Le soir de ce jour, partout dans les rues
De Paris et d'autres villes férues
D'un tel sport d'équipe vraiment excitant,
Des foules oubliaient leurs maux et le temps !

Le lendemain d'une telle conquête,
Le peuple faisait encore la fête,
Clamant le bien de la diversité
Prouvée par ces gagnants de l'unité :
Français de couleurs de peau, différentes,
Mais de même moralité vaillante !

Loin de la forme et unis par le fond,
Forts de l'union que seuls les sots défont,
Les esprits devenus unicolores
Brandissaient haut leur trophée, leur trésor.

Presque toute une nation dans la liesse,
Contemplait, touchait, embrassait sans cesse,
Ce symbole du succès sur le monde
Et dansait sa joie en faisant des rondes.

Chacun savait qu'il s'était enrichi
Du triomphe national sans gâchis
Car rien n'était laissé sans être pris
Et rien n'était perdu puisque compris :
Quand des personnes agissent pour un seul groupe,
Comme un cheval pour l'homme sur sa croupe,
Cet amour crée une gloire commune
Et les destinées ne deviennent qu'une !

Voilà, elle est énoncée la leçon,
La sagesse faisant que nous naissons,
L'enseignement suprême à bien comprendre :
Il faut donner aussi et non que prendre !

1914-1918 LA GUERRE

Cruel destin dans une boue rouge de sang !
Des balles sifflent le chant des morts pour l'empire
Dont les soldats assaillent l'ennemi trépassant.
Plus loin des gorges crient des douleurs qui empirent !

Des bombes tombent disloquant tout de leurs crocs.
Elles arrachent les bras ainsi que les organes.
Elles tuent les gens honnêtes comme les escrocs
En leur broyant le ventre, les os et le crâne !

Les corps s'affalent dans les tranchées de la haine ;
Ils claquent sur le sol comme le bois qui casse !
Des vivants courent pour échapper à ces peines
Si ce n'est pour assassiner d'autres bidasses.

Des hommes tremblant de partout s'enfuient ou meurent
Devant d'autres hommes leur transperçant le cœur.
Tout disparait dans l'épaisse fumée macabre
Où de sombres formes sont fendues par des sabres.

Effrayante gloire d'une folie funeste
Qui tant torture et décime plus qu'une peste.
Horribles déboires que des gens se façonnent,
Ignorant qu'ils sont nés de Dieu qui leur pardonne !

LE POÈTE

Lire ses doux vers aux rimes éclairées,
Guide l'âme curieuse ou égarée
Et lui révèle, ainsi, par bons rapports,
Tel un beau phare, où se trouve le port !

Le poète est toujours un serviteur,
Heureux de montrer à ses visiteurs
Où ils peuvent, s'ils le veulent, accoster
Au seul continent de la liberté !

Capitaine de son grand vaisseau d'art,
Il emporte, avant qu'il ne soit trop tard,
Ses lectrices et ses lecteurs vers ce lieu
Où tout est authentique, où tout est mieux !

Il ne cherche pas à profiter d'eux
Si ce n'est par son livre, faire deux :
Celui qui écrit et celui qui lit
Comme une rivière qui coule en son lit !

Au gré de son cours, le poète, ainsi,
Imitant les gammes du do au si,
Conduit un ami, par ses vers qui chantent,
Jusqu'au cœur de sa poésie charmante !

Si la rencontre parvient à se faire,
Non-besoin de parler, il faut se taire
Car alors deux êtres sont réunis
Et se sont mutuellement bénis !

DANS LES GARES

Dans les gares des trains sont en partance,
A quai, pour des voyages d'importance.

Dans les gares nombre de gens se pressent,
Se bousculent parfois voire s'agressent.

Dans les gares sont saouls des miséreux
Pour oublier qu'ils sont des malheureux.

Dans les gares on vend des cacahuètes
Et on fume beaucoup de cigarettes.

Dans les gares veillent des contrôleurs
En découvrant ou non quelques fraudeurs.

Dans les gares c'est la queue aux toilettes
Où viennent se cacher des pickpockets.

Dans les gares des pigeons font leur nid
Et des amoureux y semblent bénis.

Dans les gares des enfants s'émerveillent
Et des agents de police surveillent.

Voilà les choses vues dans cette gare
Durant mon attente par ton retard.

Dans cette gare je suis un crétin
Car c'est bien moi qui attend, c'est certain.

QUESTIONS

Tout ce qui existe dans l'espace
N'est-il en fait que du temps qui passe ?
La vérité est-elle autre chose,
Source originelle des causes ?

Le temps n'est-il ainsi qu'un rapace
Pour avaler ses proies dans l'espace ?
Temps et espace sont-ils le corps
De l'univers qui est plus encore ?

Un astrophysicien dit enfin
Qu'il semble n'y avoir pas de fin
A l'univers dont la matière noire
Retient ce qu'écarte l'énergie noire !

Est-ce donc ça qui fait l'équilibre
Des galaxies qui tournent et qui vibrent ?
Le mouvement est ce qui avance
Mais qu'est-ce qui pourtant le devance ?

Existe-t-il des cosmos ailleurs
Où d'autres conditions sont meilleures ?
Nos esprits sont-ils ce qui voit tout
Lorsqu'ils regardent au fond d'eux partout ?

Voici là des questions au lecteur
Pour qu'il en soit alors le vecteur
Et qu'elles rayonnent des réponses en lui
Comme la lune éclaire la nuit !

A.C. PEINTRE

Contempler un tableau peint par Anne Chesné,

C'est pouvoir ne plus se sentir enchaîné

A des lieux sombres ternissant les pensées,

Ou soudain se libérer d'un lourd passé !

C'est aussi comme voir une broderie

D'où jaillissent de multiples grains de riz

Dont les éclats sont ceux d'un feu d'artifice

Qui, là, sans bruit, est pour les yeux un délice !

Et c'est surtout tels des arcs-en-ciel de toile

Qui éclairent les esprits et leur dévoilent

Le meilleur de tout ce que nous pouvons vivre:

La splendeur universelle qui délivre !

A.F. PEINTRE

Les peintures d'Adriana Feraru

Devraient même être exposées dans les rues,

Car elles émanent des forces naturelles

Provenant de la source originelle !

Les vagues de couleurs qui en jaillissent

Caressent le regard et tendres y glissent

Pour ensuite émouvoir le fond de l'âme,

D'un feu glorieux de lumière sans flamme !

La puissance est présente mais tranquille

Comme une pièce a aussi son côté pile,

A l'instar des jolies fleurs qui pour naître

Explosent puis parfument de leur être !

J.D.L.

Nous sommes le quatre décembre de l'an deux mille deux,
Au beau théâtre parisien dit Le Palais des Glaces.
Soudain, sur la scène, a jailli comme un surprenant feu,
Une silhouette sublime qui nous cache sa face !
C'est l'histoire de Madame Le Prince de Beaumont,
Au titre : « La Belle et la Bête », très évocateur,
Et commence, pour nos sens, un spectacle de démon,
Effarant de beauté au-delà de toutes les peurs.

Le monstre est là, celui de l'homme qui souffre en son âme,
Torturé d'avoir perdu sa splendeur durant son drame,
Et joué, à corps pur et fort, par Jean-Denis Lefèvre,
Jusqu'au bout de son cœur comme jusqu'au bout de ses lèvres.
Quelle leçon de vérité et de grand savoir-faire,
Parce que tout est proposé par sentiments sincères !
Quelle partie d'éternité, même au son de sa voix,
Parce qu'ici l'amour de la vie, dans l'art, est la loi !

Danses, chants, comédies et magies pour les autres acteurs,
Et l'on voit leur bon plaisir dans leur honnête labeur.
La belle, alors, avance, féline pour l'harmonie
Et déclare à la bête son bel amour infini.
Comme la mer du monde, des larmes scintillent aux yeux
Par le soleil des âmes qui enfin trouve son lieu !
Le monstre devient un Prince et la belle, sa Princesse,
Et le public heureux, debout, leur exprime sa liesse !

FOI

S'il est vrai que les anges réalisent les rêves
Comme les arbres façonnent leurs fruits par la sève,
Nos désirs sont bien les racines de nos prières
Qui doivent monter au ciel comme le font les lierres,
Pour étendre leurs parures de reconnaissance
Jusqu'au devant de ces brillants êtres sans naissance !

C'est seulement si nos vœux sont portés par la paix
Espérée pour les autres en incluant le respect,
Tout en offrant aux divinités, cela sans doute,
Les fruits d'amour de notre conscience alors absoute
Par l'acte mental de s'aimer et se pardonner,
Que notre foi parfaite, alors, peut tout nous donner !

Si nous ne croyons pas pouvoir vraiment recevoir
Un présent, un cadeau ou un bien, comment l'avoir ?
Nous ne ferons réellement rien pour l'obtenir,
Rien également pour qu'il puisse enfin advenir
Et nous douterons toujours plus des pouvoirs de Dieu
Et de ses ministres vivant pour nous dans les cieux !

Nous devons donc apprendre à mieux imiter les arbres
Et non demeurer immobiles comme le marbre !
Nous devons déployer sciemment notre certitude
Au dessus des ronces, des murs et des servitudes,
Pour désobéir à tout ce qui nous interdit
L'accès aux richesses et pour ne plus être maudits !

NOTRE TERRE

Terre qui existe depuis quatre milliards d'années ;
Sublime nature où les hommes semblent s'y damner
Et malignement n'agir que pour la condamner
A n'être plus qu'une fleur moribonde et fanée !

Terre ronde recouverte de mers et d'océans ;
Comme surgit soudain de la lumière d'un néant
Et qui remplit nos corps de son liquide géant
Qui coule dans les vallées entre les monts béants !

Terre des vertes forêts qui produisent l'oxygène
Respiré depuis des siècles par tous les indigènes,
Par aussi les êtres antiques et les aborigènes,
Détruite par les pollueurs que je morigène !

Terre des animaux créés avant l'humanité,
Conscients et démontrant alors leur sensibilité,
Aimant comme chacun de nous, vivre en liberté
Et prouvant sûrement nos liens de fraternité !

Terre d'énergie provenant du grand creuset des astres,
Dont l'aura pure subit un véritable désastre
Par les souilleurs du monde qui raflent le cadastre
En tuant les sols par du poison qu'ils y encastrent !

Terre d'accueil où les âmes stagiaires peuvent paraître
Pour continuer la grande évolution les faisant naître,
Sur cette perle universelle, afin de connaître
Les vérités de soi et en devenir des maîtres !

Terre d'amour prêtée par Dieu pour y vaincre nos torts !
Héritage bien plus précieux que tous les beaux trésors
Dont chacun de nous doit protéger jusqu'à sa mort,
Pour les générations futures, faunes et flores !

L'ÉGO

Voici la naissance et chacun de nous n'a rien.
Nous venons au monde pour connaître le bien
Par ce qui lui est contraire, ainsi dit le mal,
Après avoir vécu par le règne animal
Et, avant aussi, par celui du végétal
Qui suivit celui que l'on nomme minéral.

Nous ne possédons que nous-mêmes par le corps
Qui, déjà, nous condamne à connaître la mort
Et ce qui nous entoure est notre univers,
En premier les couleurs tels le rouge et le vert,
Mais aussi l'éclat d'un sourire d'une mère
Ou le baiser chaleureux et tendre d'un père.

De multiples choses en soi et à l'extérieur,
Font de notre être une identité inférieure
A ce que nous sommes, en vérité, en essence
Mais que nous oublions à cause de nos sens
Qui projettent exclusivement notre conscience
Au cœur des limites que refusent les sciences.

Nous créons ainsi une fausse idée de soi
Avec laquelle nous connaissons malheurs et joies
Relativement à ce que la vie propose,
Selon nos actions passées qui en sont la cause
Parce que nous voulons être heureux, non moroses,
Dans un monde de matière qui est rarement rose.

Nous entassons alors d'innombrables trésors
Souvent inutiles à notre authentique essor
Pour lequel nous sommes nés et que nous devons prendre,
Avant que nous soyons réduits en tas de cendres,
Pour nous libérer de tout ce qui fait descendre
Et rencontrer notre âme en train de nous attendre !

LES MERS

Les eaux limpides de ce monde, qui coulent en nos corps
Puisqu'à nos cellules elles sont le plus grand des apports,
Bercent nos âmes par les flux et les reflux sonores,
Vagues musicales épousant la terre jusqu'aux ports.

Les mers nous enchantent de leur claire essence liquide,
Glissant entre nos mains qu'elles savent rendre humides
Et lavent nos cœurs comme une source pure et limpide
Qui inonde chaque endroit de l'être, jusqu'à nos rides.

Les mers sont celles qui furent la matière première,
Qui chantent quand elles passent sur les cailloux et pierres.
Elles dansent aussi avec les vents qui leur font la guerre
Par tempêtes ou typhons, mais qui ne les usent guère.

Les mers sont sûrement la matrice de notre monde
Où d'innombrables créatures naissent, vivent et pondent.
Elles couvrent de leurs fluides les profondeurs du temps
Et forment les nuages pour arroser les printemps.

Les mers du fond des âges nous parlent des origines
Que notre intuition nous révèle être vraiment divines.
Elles déversent leur force dans les flots de nos veines
Et elles glissent sur nos joues quand nous sommes en peine.

Les mers palpitent d'étincelles dans l'aube des jours,
Immenses et pleines, belles et profondes comme l'amour.
Elles déposent à l'horizon nos regards temporels
Et, plus loin, nos pensées car elles leur donnent des ailes.

LE LABORATOIRE DE L'ACTEUR

Loin de moi le but d'écrire là pour leur plaire,
Hypocrite ou mesquin, afin de satisfaire,
Mais il ne m'a fallu qu'un peu moins de deux mois
Pour que leur savoir-faire attise mes émois.

Elle, Hélène, à la fois belle et austère,
Eclaire sans faille nos fautes, autoritaire ;
Ce dont on ne peut qu'être totalement sûr,
C'est qu'elle est aussi tendre par conscience pure;
Elle secoue notre esprit pour éveiller notre âme,
Pour que l'acteur, en nous, joue juste rires et drames.

Lui, Jean-Denis, est un puissant géant de joie
Qui annonce nos erreurs d'une lourde voix;
Il transporte sa force, à nos côtés, sur scène,
Semant sa sympathie dont ses veines sont pleines;
On le croit ombrageux, non, il veut du talent,
On le dit soucieux, oui, quand nous manquons d'allant.

Ils sont nos professeurs, nos entraîneurs d'envie,
Les guides de nos jeux qui prennent soudain vie;
Ils nous mettent en danger pour mieux nous protéger,
Provoquent nos peurs pour que nous soyons légers,
Car ils savent que rien ne grandit en soi-même,
Sans que nous soyons vrais, que l'on haïsse ou aime !
C'est ce secret qu'ils révèlent par vocation
Pour que tout soit bon dans nos interprétations !

Et, près de là, dans le bureau du secrétaire,
Frédéric veille et sourit en sachant se taire;
Il est aussi régisseur et, comme un bon père,
Nous procure les livres nous servant de repères.
Voici donc le Laboratoire de l'Acteur
Dont j'ai voulu pour vous, être l'évocateur !

TÉLÉVISION

Il paraît que la télévision
N'utilise pas la dérision.

Il paraît que la télévision
Est l'une des grandes inventions ;
Qu'elle transmet les informations
En créant ses nombreuses émissions.

Il paraît que la télévision
Innove bien avec précision.

Il paraît que la télévision
Procure détente et évasion ;
Qu'elle fait, de vision en vision,
Croire en l'irréel par illusion.

Il paraît que la télévision
Peut favoriser de l'addiction
Et devenir une perversion
Si on regarde trop de ses fictions.

Il paraît que la télévision
Émet jour et nuit ses expressions,
Qu'elle doit réduire en sa mission,
Sa quantité de films d'agressions.

Dans quelques instants reprendra la projection !
Excusez-nous de cet arrêt de diffusion
Si vous déplaît cette soudaine interruption,
Mais la fin de ce poème a fait irruption !

MUSIQUE

La musique est le vibrant chant de l'univers,
L'harmonie sonore de toutes les lumières !

Elle sort en notes comme des colliers de perles,
D'une trompette ou de la gorge d'un merle
Et glisse, forte ou suave, jusqu'aux oreilles
Créées avant tout pour entendre ses merveilles !

Son corps est aussi dans les mots et dans les voix,
Dans les bravos, dans les cris d'espoir et les joies ;
Dans les bruits du vent et les souffles des tempêtes,
Ainsi que dans les nombreux langages des bêtes.

Elle se niche même dans les pleurs des amours
Et dans tous les murmures des levées des jours ;
Même dans les gémissements et les soupirs,
Dans les sifflements secrets de l'air qu'on respire.

Elle est, de tous les mondes, la tendre parole,
Les grands discours des soleils et de leurs corolles,
La conversation des innombrables étoiles
Et le baume des cœurs, qui enlève leur voile !

De toutes parts jaillissent sa magnificence
Et la force naturelle de son essence :
De l'infinité cosmique, de toute chanson,
Des clochers, du sifflement joyeux d'un maçon,
Des mers ou des océans comme d'un moineau,
D'une guitare, d'un violon ou d'un piano.

Et chacun, selon ce qu'il ressent, s'en réjouit
Quand le chanteur la fait soudain sortir de lui,
Que le compositeur enfin lui obéit
Et que, par sa beauté, les miséreux sourient !

GENÈSE

Une main divine est venue sculpter le monde
Que d'un souffle pur, les anges ont alors poli
Pour faire de notre terre une forme ronde
Tournant sur elle-même, comme une poulie !

Tel un diamant sacré dans la paume de Dieu,
Notre boule céleste a été déposée,
Entourée d'air et de tendresse, en son beau lieu,
Et d'un geste délicat y fut arrosée !

Alors la mer jaillit et la vie apparut,
Inconsciente d'elle-même et partout vibrante,
Gagnant avec force son dû mais en mourut
A chaque fois que le temps réclama sa rente !

Ainsi aux moindres endroits de tous les pays,
L'évolution se fit pour comprendre la cause
Qui engendre les malheurs qui sont tant haïs.
Et des sages sont nés par leur métamorphose !

Si vous en rencontrez un non loin de chez vous,
Écoutez ses paroles, suivez ses conseils,
Car si vous ne le faites pas, vous êtes fou
Ou vous êtes un ignorant, ce qui est pareil !

Car quelle personne préservant sa raison,
Voudrait garder, en elle, ignorance et folie
Qui sont, pour son esprit, des ignobles poisons
Et au jugement de Dieu, pour soi un délit ?

...I...

Une main divine sculpta aussi nos corps
Avec l'outil béni que les anges ont porté,
Pour que la conscience apprenne à vaincre la mort
Dans l'espace et le temps faits d'éternité !

LES INSTANTS

Instants coulant comme les eaux des rivières,
Toujours présents et quelque peu différents,
Mais en nature au moins, toujours similaires,
Conformes aux durées dont ils sont les garants !

Instants délimitant nos vies temporelles,
Ces châteaux de sable, soufflés par le vent,
Qui nous échappent et qui nous rendent irréelles,
Nos actions passées et notre joie d'avant !

Instants emperlés sur le collier du temps,
S'égrenant durant notre continuité
Mais qui, par les saisons, refont le printemps
En nous montrant qu'existe l'éternité !

Instants lumineux projetés dans nos yeux
Ou moins vite, en nous, en des ondes sonores,
Gravant dans nos esprits les objets du lieu
D'où tout provient : les âmes, les vies et les corps !

Instants de passion, de rêves et de beautés,
De douleurs, de malheurs et aussi de haines ;
Vous marquez nos cœurs du désir : Liberté
Et montrez ainsi que la vie n'est pas vaine !

Vous imposez notre mort et nos absences
Alors que vous prouvez, hors nos apparences,
Que tout continue de vous en tant que cause
Puisque vous êtes la nature des choses !

DES PEUPLES DU MONDE

Peuples du monde ! Vous croupissez dans les lourdeurs de vos malheurs
Quand vous subissez les pillages et les tortures des dictateurs !

Peuples du monde ! Vous recouvrez les sols de vos morceaux de corps
Quand les despotes vous abattent et vous piétinent jusqu'à la mort !

Peuples du monde ! Vous baignez dans le sang de vos mauvais destins
Quand ceux qui vous tuent font de vos chairs blessées un macabre festin !

Peuples du monde ! Vous fissurez de vos cris d'effroi le silence
Quand sont devenues insupportables vos trop nombreuses souffrances !

Peuples du monde ! Vous gémissez et pleurez dans vos agonies
Quand, de vos beaux pays, la justice et la paix ont été bannies !

Peuples du monde ! Vous mourez sous les noirs regards des égoïstes
Quand de l'endroit de leur âme ils n'ont pas encore trouvé la piste !

Peuples du monde ! Vous subissez le pire de l'histoire humaine
Quand les cupidités vous frappent de leurs spoliations et haines !

Pourtant je vous dis de ma voix de ténor éclatant dans le temps et l'espace,
Que beaucoup d'entre nous n'ont plus une mentalité de rapace
Et augmentent sûrement en nombre, chaque jour et chaque année,
Pour détruire à jamais, sur notre terre, le destin des damnés !

MATÉRIALISME

Ah ! Bonheur éphémère
Qui rend souvent amer
En étant gains et pertes
Ou vie puis corps inerte ;
Par lui on se fourvoie
Et l'on a peu pour soi
Quand, faux et extérieur,
Il illusionne ou leurre !

Ah ! Bonheur qui nous ment
En faisant le serment
Que l'on peut le tenir
Sans jamais le ternir ;
Il nous tente et nous tue
De sa joie qui fluctue
Car il comble puis frustre
De sa saveur illustre !

Ah ! Bonheur éphémère,
Le seul motif des guerres,
Qui montre que sa voie
N'est pas celle que l'on croit ;
Il indique le chemin
De sa divine main
Et qu'ainsi autre chose,
Du bien-être, est la cause !

De lui jamais repus,
Vaincus par ses refus
Nous devons faire l'effort
De trouver sain et fort,
Le bonheur véritable,
Incessant et durable,
Là où seul il demeure,
Dans l'âme où rien ne meurt !

LES TRAVAILLEURS

Vous, les ouvriers dont les mains sont torturées,
Dont le corps est courbé sur les œuvres humaines,
Dont les gestes travaillent de longues durées
Pour gagner l'argent qui allégera les peines !

Vous, les sculpteurs de l'histoire et sauveurs des ruines,
Qui tracez les sillons où s'écoulent les âges
Et qui dressez, dans la poussière des usines,
La statue du labeur et celle du courage !

Vous, dont le front est marqué de rides forcées
Creusées par les crispations de tant d'esclavage,
Dont les membres sont, par trop d'effort, harassés
Sur les établis ou sur les échafaudages !

Vous, les êtres suant pour gagner votre vie,
Pour profiter de quelques jours de liberté,
Sans pouvoir lutter contre ceux que l'on envie
De les voir tant riches en exhibant leur fierté !

Vous, les forçats des cités dans votre routine,
Dont la peur détruit l'envie d'une évolution
Quand votre joie d'exister reste clandestine
Dans les cales de leur navire en perdition !

Vous, les manœuvres des siècles matérialistes,
Qui succombez sous le joug des avidités
De ceux qui ont hérité des vœux égoïstes
Responsables sur terre des calamités !

Dieu vous regarde et attend que votre tutelle
Vous octroie plus de temps à la famille, aux arts,
Aux amours et à l'évolution personnelle
Pour que votre salut soit par ces quatre quarts !

DUALITÉ

L'épreuve de ta mission dans un corps unique,
Je sais mon ami que cela crée ta panique.
Le piège matériel limitant tes pouvoirs,
Je sais mon ami qu'il t'incite au désespoir.
Mais Dieu créa la mort pour que tu voies la vie,
Non les malheurs qui sont de toi quand tu dévies !

L'affliction par manque d'amour, qui te déchire,
Je sais mon ami qu'elle t'épuise à t'en réduire.
Le mal bouillonnant qui provoque tant tes pleurs,
Je sais mon ami qu'il t'use de son ampleur.
Mais Dieu créa le court pour que tu voies le long,
Le faux pour que du vrai tu trouves le filon !

Les plaies profondes pouvant altérer ton corps,
Je sais mon ami que cela t'angoisse encore.
La frayeur de mourir lorsque vieillit ton sang,
Je sais mon ami tout ce que tu en ressens.
Mais Dieu créa le manque pour que tu voies tout
Et que le vide en toi n'est qu'illusion de fou !

L'AILLEURS

Un regard de songe approche l'éternité
Au-delà des envies, des désirs et passions,
Dans le sommeil qui ouvre l'esprit aux libertés
Quand le corps de la détente prend la position.

Alors temps et espace unis en un seul centre,
Sont soumis à l'être voyageur qui regarde,
Comme l'amour de la femme enceinte et son ventre
Sont dédiés à l'enfant que neuf mois elle garde.

Une seconde fait mille ans réellement
Car tous les pouvoirs y sont libres et révélés,
Sans sens limités qui créent les égarements
Et sans la matière empêchant de s'envoler !

RELATIVITÉ

Si nous ne subissions pas des obstacles,
Qui deviendrons-nous ? Qui serions-nous ?
Des gens condamnés à quelque débâcle !
Des exclus de soi-même ou des fous !

C'est dans le vide que l'on peut voler !
Les épreuves sont pour nous des leçons !
Pour comprendre nous devons dévoiler !
C'est par le corps qu'en esprit nous naissons !

Le tracas oblige à chercher l'issue ;
Il incite à trouver l'intelligence ;
Il projette par ce qui a déçu,
Son opposé dont nous prenons conscience !

Si nous ne vivions pas quelques problèmes,
Comment trouverions-nous leurs solutions ?
Si nous ne connaissions pas des dilemmes,
Comment améliorer la réflexion ?

La mort est la suprême fermeture
Et notre plus grande interrogation ;
Elle révèle enfin son imposture
A ceux atteignant l'illumination !

Faire du mal pour obtenir du bien,
N'est pas assurément ce qu'il faut faire ;
Dieu par la loi karmique nous prévient
Que nous vivons afin de nous parfaire !

Contentons-nous de contempler les choses,
De voir que chaque effet est un miroir
Qui reflète ce qui en est la cause
Et nous atteindrons nos âmes et leur gloire !

HISTOIRE D'AMOUR

Un jour un arbre, une feuille.
L'arbre porte cette feuille.
Un grand coup de vent passa
Et la feuille s'envola !
Adieu mon arbre dit-elle,
Nous nous reverrons au ciel !

Plus de mille années plus tard,
Au paradis un beau soir :
Une feuille voit un arbre ;
Bonjour majestueux arbre !
Bonjour feuille du passé
Que sur terre j'ai aimée !
Ah c'est toi ! Répond la feuille,
Je prie pour que tu me veuilles !
L'arbre lui dit qu'il l'attend,
Et une branche lui tend !

Sitôt dit, sitôt bien fait,
Tous les deux déjà s'aimaient.
Soudain un fort vent souffla
Et la feuille s'envola ;
Adieu dit-elle dans l'air,
Nous nous reverrons sur terre !

HISTOIRE DE PÊCHEUR

Pêcheur au bord du ruisseau
Et poisson saute dans l'eau.
Ver mis sur un hameçon,
Et saute toujours poisson.
Une ligne mise à l'eau,
Un poisson dans le ruisseau.
Ver bouge sur l'hameçon
Et est vu par le poisson.
Poisson avale hameçon,
Le ver est dans le poisson
Et pêcheur tire sa ligne ;
Poisson pense : c'est indigne !

Pêcheur décroche hameçon
Puis dans seau est le poisson ;
Dans la poêle alors sera,
Pressé pêcheur mangera,
Mais cela tellement vite,
Un sage bien sûr l'évite,
Que pêcheur s'étouffera
Et aussitôt en mourra.
Pêcheur, poisson, sont les noms
De deux sots morts sans renom !
Et le troisième c'est le ver
Qui n'a pas su fuir ces vers !

TOUS LES ANIMAUX

Qu'ils expriment une énergie rapide ou lente,
Les animaux sont une force inhérente
A notre belle terre, bleue et géante,
Et leur diversité est très étonnante !

Par leur chair et leurs os parcourus de sang,
La vie brille en leurs regards souvent perçants
Où les chiens montrent leur lumière d'amour,
Comme les chats savent le faire à leur tour !

Dans les forêts et les prés, telles des merveilles,
Les doux chants de leurs âmes suivent le vent,
Apportent leurs mélodies en nos oreilles
Et nous informent qu'ils sont aussi savants !

Formés des cellules composant nos corps,
Même matière vivante, avant la mort,
Pareils à nous en tout hormis la parole,
La forme, le poids et ceux d'entre eux qui volent !

Ils sont nos frères naturels de substance,
Vivent les mêmes épreuves et souffrances,
Les mêmes luttes et combats pour leur subsistance
Et les mêmes lois pour leur droit de naissance !

Alors, véritables reflets de nos vies,
Si nous les tuons, nous nous tuons aussi ;
Alors, similaires à nous en leurs envies,
Si nous les aimons, nous nous aimons aussi !

BÉNÉDICTION

Heureux tous les êtres ! Même ceux qui terrorisent,
Même ceux qui raillent les pieux ou veulent leur peine,
Même ceux qui agissent toujours avec traîtrise
Et ceux qui injurient les autres par forte haine !
Heureux les patrons des industries qui souillent l'eau,
Les vendeurs de drogues qui empoisonnent leurs frères,
Les joueurs prêts à tout pour gagner les plus gros lots
Et les pollueurs en tous genres qui tuent la terre !
Heureux les politiciens cupides et malhonnêtes,
Même ceux qui volent pour amasser leurs butins,
Même ceux qui frappent autrui et jamais ne s'arrêtent
Et ceux qui pour s'enrichir détruisent les destins,
Car sur eux brille l'amour de Dieu leur créateur
Qui, au fond de leurs yeux, a dressé une lueur !

Heureux tous les hommes ! Même ceux qui sont cruels,
Même ceux qui se croient être meilleurs que leurs pairs,
Même ceux qui vivent pour provoquer des duels
Et ceux qui disent que les femmes doivent se taire !
Heureux les trop riches qui créent tous les miséreux,
Les possédants de tant qui veulent sans cesse tout,
Les patrons qui en congédiant sont très dangereux
Et les marchands qui empoisonnant sciemment, sont fous !
Heureux les menteurs qui savent bien tromper les foules,
Même ceux qui violentent ou battent leurs congénères,
Même ceux qui agressent cachés par des cagoules
Et ceux qui rient lorsqu'une personne tombe à terre,
Car, en eux, est semé l'amour infini de Dieu
Qui germera un jour quand enfin ils feront mieux !

.../...

Heureux tous les pauvres ! Même ceux qui sont spoliés,
Même ceux qui vivent dehors n'ayant plus de toit,
Même ceux qui deviennent des esclaves aux pieds liés
Et ceux dont le dos se fissure sous de lourds poids !
Heureux les indigents qui souffrent souvent de faim,
Les démunis que des gens abandonnent partout,
Les mendiants dont les nantis préféreraient la fin
Et ceux à qui on ne donne même pas un sou !
Heureux les affamés aux corps maigres et délabrés,
Même ceux qui souffrent de soif à presqu'en mourir,
Même ceux qui sont enterrés sans tombes marbrées
Et ceux que les égoïsmes font parfois périr,
Car leur prochaine vie par Dieu sera bien meilleure,
Et les coupables obéiront aux lois du Seigneur !

LE TRIBUN ÉCOLOGISTE

Je parle ici bien fort à des corps de cimetières :
Ecoutez ô vous gisants dévorés par les vers,
Comment vous firent périr les scientistes des villes,
Car le commerce est fort et, pour lui, l'argent est vil.

Qui que vous soyez, victimes de savants tant fous,
Vous ne pouviez pas mourir d'un sommeil sûr et doux
Puisque la chimie des hommes, a posé sa présence
Dans des mets que vous dégustiez en toute innocence !

Comme de lâches combattants que l'on doit huer,
Ces inventeurs de molécules vous ont tués !
En eux, le vieux duel crépuscule et aube franche,
N'a pas assez fourni de la vive lumière blanche
Qui illumine, entre la folie et la raison,
L'esprit qui par elle peut rentrer à la maison,
Ainsi, chez lui, où la justice est constante et fière
Et regarde son enfant revenir à sa mère !
Je suis encore vivant, ô vous tous mes amis
Que l'empoisonnement terrible sous terre a mis
Parce que d'autres ont voulu, par leur sombre ignorance,
Se servir cupidement des progrès de la science.

Et je parle, j'annonce et je me fais l'orateur
De la vérité dont je suis le porteur
Et qui, enfin, se révèle dans des mots suprêmes
Que j'ose refléter par maints éclats de poèmes,
Puisqu'elle prévient le monde de ce qu'elle est ainsi,
La clarté de tout dont la voix pure dit ceci :
Nous sommes riches car notre Père aux cieux qui donne,
Nous a tout permis d'être, même athées qu'Il pardonne,
Et tout permis d'obtenir de ce parfait trésor
Qu'est la nature vierge issue de siècles d'efforts,
D'une sagesse absolue contenue en ses formes,
Qui ne doit pas être niée par un orgueil énorme !

.../...

Nous, écologistes sur terre, bravons le mal,
En affirmant que la pollution est infernale
Et nous demandons, haut et fort, aux empoisonneurs,
D'arrêter de dégrader de la vie le bonheur,
De cesser de tuer pour de l'or, en tous endroits,
Des consommateurs qui deviennent leurs tristes proies,
Car leurs propres enfants subiront le même sort
Que des rivaux pourront leur infliger par la mort !

De la terre nous regardons le haut firmament
D'où tout provient : âmes, choses, ondes et éléments,
Et tout ce que l'on peut bien voir par des yeux en quête,
Et tout ce qui crée les pluies, torrents, grêles et tempêtes
Et nous ressentons et reconnaissons pour toujours
Que la pureté naturelle est notre secours ;
Que c'est par elle, par l'univers, endroit des nombres,
Que nous sommes des rayonnants anges mais qui sombrent !

Devant nous il n'y a plus que deux choix : le ravin,
Vide où tout périra, ou le salut divin !

Bien haut, je parle ici aux morts chimiques du monde
Et de ma compassion pour eux devenue féconde,
Je m'associe à ceux qui défendent avec foi,
La pureté de la vie, la santé et la joie,
Puis je dépose sur leurs tombes ces mots qui résonnent :
« Mort par le vice vénal de tant d'autres personnes » ;
Et je clame devant les chimistes qui s'étonnent,
Que je doute que se tairont de tels glas qui sonnent
Car même notre planète est désormais atteinte
De tant de blessures, qu'elle sera bientôt éteinte
Si dans les décennies qui arrivent, rien n'est fait
Pour que cesse définitivement ces méfaits !

L'histoire écrira peut-être cette phrase infâme :
Science sans conscience fut donc la ruine de l'âme,
Ou dira par ma voix si je suis toujours vivant :
Les gens devinrent enfin de véritables savants !

ENFANCE

Surgit du plus grand mystère connu
Qui naît dans les doux yeux d'un enfant nu,
Elle défit tant la pensée normale
Que les gens la considèrent banale.

Dès son avènement, elle scrute tout
Et en découvre son meilleur atout
Qui est, bien sûr, le grand pouvoir d'agir
De décider, de prendre et réagir.

Certes, elle doit se confronter aux autres
Et, alors, dire le mien et le nôtre ;
Comprend que son corps est une limite ;
Apprend de ses parents qu'elle imite.

Puis elle grandit comme par miracle,
Ce que pourrait révéler un oracle,
Et continue son bel apprentissage
Par toutes les émotions de son âge.

Parfois, elle est soumise à des malheurs
Dans un pays de terreur et de pleurs
Et devient tant sombre dans son regard,
Que ses sourires de joie se font rares.

.../...

D'autres fois elle peut s'épanouir en paix,
Ne subissant que très peu d'irrespect ;
Et c'est dans ces conditions de bonheur
Qu'elle évolue en esprit et en cœur.

La voilà grande, prête pour sa vie,
Pour réaliser bien mieux ses envies ;
Mais que seront-elles, dites-le moi,
Méprisables ou dignes selon ses choix ?

Fera-t-elle de l'immense puissance
Qui lui permit d'obtenir sa naissance,
Une action positive pour le monde
Ou celle d'un égocentrisme immonde ?

CYCLES

Tel le sable mon corps deviendra,
Sans besoin de linceul ou de drap ;
Il ne dormira pas et vivra
Dans ce qui toujours est et sera !

Ainsi est la loi du mouvement,
En toute chose et tout élément,
Qui jamais n'est dans l'égarement
Et nous fait avancer sûrement !

Tel le vent mon âme volera,
Libérée, mais un jour reviendra
Pour toujours mieux voir la vérité :
Corps fugace et elle Éternité !

ÉTONNANT PARTAGE

Qui a dit que tous les terrains ou territoires
Pris par la loi du plus fort d'un passé sans gloire,
Puis déclarés comme propriétés légales,
Ont été partagés d'une manière égale,
Puisque ce sont les premiers qui se sont servis
Ou ceux qui ont fait d'autrui quelqu'un d'asservi
Quand ce n'est pas de l'avoir tué ou détruit
Dans la violence d'une guerre et de ses bruits ?
Qui a dit qu'un artisan voulant s'installer
Dans la région qu'il aime et où il veut aller
Pour aider la population par son talent
Qui lui a suscité l'envie de cet élan,
Ne peut le faire quand il n'y a pas d'endroits
De disponibles pour utiliser ce droit,
Ou parce que ceux possibles pour ses affaires
Sont loués trop chers par un vil propriétaire ?
Qui a dit que pour bénéficier d'une place
Où y faire un lieu de commerce dans son espace,
Si ce n'est de services utiles aux personnes,
Devant être bien située pour qu'elle soit bonne
Sur un site de fréquents passages de gens,
Afin d'être connu et gagner de l'argent
Ou pouvoir montrer l'existence de l'affaire,
Il faut un avantage sur des adversaires ?
Qui a dit que les terres des cultivateurs
Qui labourent leurs champs avec leurs gros tracteurs,
Devaient s'étendre sans fin jusqu'au bord des routes
Et être ainsi, en totalité et sans doute,
Des endroits du monde interdits aux autres gens
Même s'ils voulaient payer avec leur argent
Un droit de s'y arrêter pour se promener
Sans être alors, à quelque amende, condamnés ?

Qui a dit que celui qui est né sans avoir,
Ne peut plus que prendre les restes de l'histoire
Puisqu'elle a déjà largement avantagé
Les héritiers qui ne veulent pas partager ?

NAISSANCE

Vibrant de l'appel de sa quête naturelle,
Installé en son nid, pondu selon la loi,
Un ovule reçoit, fonction intemporelle,
Sa semence qui s'active et qui se déploie!

L'univers ordonne alors, parfait architecte,
La construction du reflet de l'éternité
Que la rosée du corps, comme une pluie, humecte
Pour que la fleur donne le fruit de sa beauté !

Et les forces agissent, les énergies s'enlacent,
L'espace est rempli, les lumières se confondent,
Le centre s'étend, chaque sujet prend sa place ;
La forme en devient la reproduction d'un monde !

Alors dans la paix de l'admiration humaine,
Dans l'oubli des conflits, des discordes et des haines,
Dans les cris retenus des douleurs du devoir
De la femme qui se donne au mal pour sa gloire,
L'enfant surgit soudain du temple de l'amour,
Du souffle de son âme ouvre ses yeux au jour,
Crie pour approuver le courage de sa mère
Et sourit pour dire : arrêtez toutes les guerres !

UNE RÉVOLUTION

Il y avait une foule désordonnée
Qui courait au milieu d'enfants abandonnés ;
Elle s'était échappée de sa prison morale
Et clamait, haut et fort, par sa voix de chorale
Des slogans de justice et la fin du tyran
En faisant tomber des soldats dans leurs rangs !
Tel un tremblement de terre, tout vacillait
Et s'écroulaient des citoyens qu'on fusillait
Dans des bruits terrifiants qui déchiraient le temps
En d'innombrables abominables instants.
Les inhibitions s'étaient transformées en cris
Et la poussière des ruines rendait tout gris.
Les balles des fusils sifflaient un chant de mort
Et sombraient soudain dans des mares de sang, des corps.
La voix du salut pourtant annonçait, puissante,
Le déclin d'une dictature enfin mourante
Qui, dans les derniers râles de son agonie,
Entendait la liesse de ceux qu'elle bannit
De tous les droits procurant les satisfactions,
Et se voyait mourir avec stupéfaction !
Les militaires abandonnèrent le combat
Pour ne pas devenir des hommes qu'on abat
Et s'enfuirent, alors, en courant sur les cadavres
Et restituant à la ville sa fonction d'havre.
De-ci de-là surgirent des chants de joie
Dont le bonheur emportait, au loin, les voix
Et les épaisses fumées de cette guerre,
Lentement, dans le ciel bleu, se dissipèrent.
Le silence revint bien plus doux qu'au passé,
Car la paix était en lui et dans les pensées.
Puis l'on vit les combattants se prendre la main
Pour s'unir et créer de meilleurs lendemains !

LE TEMPS

Avec le temps inutile d'être faussement,
Il effrite vite les mauvais scellements,
Il révèle le fruit qui provient du noyau
Et fait voir qu'envers lui les moments sont loyaux !

Il absorbe les différences des visages,
Faisant semblables les faces au plus loin des âges ;
Il trahit les mensonges et démontre les faits
Et lentement, tout ce qui existe, défait !

Avec le temps difficile d'avoir longtemps
Ce qui, pour soi-même, ne peut durer qu'un temps
Et futile est de s'attacher à des trésors
Qu'il fait perdre en récupérant, pour lui, les corps,
Car il déchiquette tout comme un carnassier,
Fait fondre les minutes dans son vaste brasier,
Récolte ainsi les heures en lave du passé,
Fait couler leur fusion dans un moule glacé
Puis refroidit ainsi tout, étant le plus fort,
Et fait, du démoulage, paraître la mort !

Avec le temps chacun finit par bien comprendre,
Après plusieurs vies, que le temps réduit en cendre
Les perversions, frustrations et duplicités
Et, ainsi, l'ignorance et la stupidité.

Avec le temps chacun peut découvrir enfin
Que, même si tout rencontre un jour sa fin,
Demeure pourtant l'esprit, seule identité,
Dont l'essence, ou la nature, est l'éternité !

HISTOIRE DE FAMILLE

Papa, dit son enfant,
Pourquoi l'argent rend-t-il
Beaucoup trop d'hommes vils,
Cupides ou infantiles,
Aussi voleurs habiles ?

Le père dit à l'enfant :
Il permet l'opulence
Grâce à son importance ;
Il donne de l'assurance
Et arme d'insolence
Les faiblesses humaines,
Orgueilleuses et hautaines !

Le père ajoute : Fils,
Trop d'argent est un vice,
Je le sais, c'est mauvais,
Un mal si j'en avais ;
Nul besoin d'en avoir
Pour la joie de savoir
Les sagesses des vies
Et vaincre les envies.

L'enfant alors se dit
Que son père est maudit
S'il garde trop d'argent
Comme les riches gens.

Soudain il souffle fort
Comme après une course
A pied ou au trésor,
Vole, du père, la bourse
Et s'enfuit au lointain,
Heureux de son butin.

Puis, sur un grand trottoir,
Il voit un misérable
Qui, dans le froid du soir,
Est maigre et pitoyable.

Il lui tend des billets
Et pense ça y est
Je sais ce qu'il faut faire :
Supprimer la misère,
Et qu'être riche est mieux
Pour aider en tous lieux !

L'HIVER

L'étroite allée bordée de feuilles semble dire :
Vois ces arbres devenus des statues de cire ;
Serait-ce l'hiver advenu qui paralyse
Ces géants abandonnés sous la fraîche bise ?
Sur leurs branches ont coulé des gouttes de rosée
Qui gelèrent alors de s'y être exposées.

Un espoir, le soleil luit encore d'automne,
Mais déjà les pinsons et les moineaux frissonnent.
Les oiseaux migrateurs déploient soudain leurs ailes,
Abandonnant les nids que choyaient les femelles.
Les maisons font du ciel un espace animé
Par leurs sinueuses colonnes de fumées.

Le vent virevolte et dessine son chemin
En paraissant tenir la neige par la main.
Il danse avec elle en suivant le chant des merles
Et la dépose au sol en un tapis de perles.
Une blancheur immaculée s'étend sur tout
Et la nature arbore l'unité partout !
Vêtue comme une mariée, elle embrasse alors
L'hiver venu la faire briller, tel de l'or,
Ou scintiller en maints endroits par ses diamants,
Flocons purs, pour elle des doux baisers d'amants !

QUI EST-ELLE ?

Elle est tellement belle
Qu'elle semble irréelle !

Elle est peu accessible
Comme le cœur des cibles !

Elle est pourtant serment
Pensé divinement !

Elle est tous les désirs
Qu'ils soient meilleurs ou pires !

Elle est tout de l'histoire
Des hommes et de l'espoir !

Elle est vœux et combats
Pour ses hauts, non ses bas !

Elle est de la lumière
Et cause les prières !

Elle est la vérité !
Elle est la Liberté !

HISTOIRE DE MOUCHES

C'était un jour dans ma modeste chambre.
Une société anonyme, louche,
Brandissait la pancarte de ses membres
Où était écrit : ici cité-mouches.

Il y en avait trois sur les fenêtres
Agitant leurs ailes de petits êtres
Et une escadrille, là, sur mon lit,
Qui me narguait par ses bruits impolis !

C'était un jour dans ma petite chambre.
Le vrombissement venant de ma couche
Etait cette fois au creux de mes membres,
Car j'avais fermé mes mains sur ces mouches !

Alors elles affichèrent dans leur prison :
Toujours cité-mouches en cette maison.
Mais elles étaient enfin en mon pouvoir
Et je sus agir pour ne plus les voir.

J'ouvris la fenêtre pour les jeter
Et en savourer ma tranquillité,
Quand, alors, d'autres près de moi, volèrent
Et cela me mit vraiment en colère.

J'installai une plaquette collante
Pour enfin y piéger ces insolentes.
Retrouvant la paix je pris une douche,
Heureux que soient finies ces escarmouches.

Soudain, pendant que je me reposais,
Une société des plus diaboliques
Vrombissait puis sur les murs se posait
En proclamant : ici cité-moustiques !

TYRANS

Ils piétineraient leur ombre pour dominer plus s'ils le pouvaient

Ou privatiseraient l'air pour le vendre par leur esprit mauvais !

Heureusement que derrière le mental, leur âme les contemple

Attendant patiemment qu'ils la redécouvrent et fassent d'elle un temple.

Ils arment les soldats de leur arrogance et de leur haine violente ;

Quand ils bougent, vole près d'eux une odeur de tombe imposante.

Ils sont très souvent la cause de milliers de blessés et de morts,

Parce qu'ils ne savent pas que ce qui crée la vie n'est pas le corps.

Tumultes macabres quand ils parlent, leur voix grince comme une crécelle

Et leurs discours sont ennuyeux et malheureusement cruels.

Ils font perdurer leur funeste gloire en souffrant de nouveaux manques

Qui taraudent leur conscience malgré les trésors qu'ils ont en banque.

Au loin leurs violences ragent afin d'enclaver dans leurs tamis,

Les vies qu'ils rendent pulvérulentes pour voler, quelle infamie,

La moindre pépite de liberté qu'elles peuvent avoir en elles

Mais sans pouvoir emprisonner leur être inviolable et éternel !

.../...

S'ils sont efficients, c'est que leurs peuples ont trop peur d'eux pour les bannir

Ou qu'ils ont secrètement quelques mêmes envies ou mêmes désirs ;

Comment des gens honnêtes voire altruistes pourraient-ils les subir

Si unis par la même force d'amour, ils voulaient les détruire ?

Soulagement de l'histoire, leurs pas de géants sont minuscules

Quand ils sont comparés à l'univers, si ce n'est pas ridicules.

Qui plus est, seules les actions bienveillantes sont vraiment durables

Car elles préservent la vie, la joie et le bonheur véritable !

AUX TRÈS RICHES

De quel droit croyez-vous pouvoir nous interdire
D'être aimés tels des enfants que l'on entend dire
Vouloir que le temps passe plus vite au fond d'eux,
Pour qu'enfin leur corps soit multiplié par deux ?

De quel droit pensez-vous pouvoir nous accabler
Dès que nous sommes grands face à vos assemblées
Déjà prêtes à ne plus jamais nous accorder
Le soutien partagé des grimpeurs encordés ?

De quel droit parlez-vous avec tant d'impudence
De nos destins subissant votre décadence,
Vous, riches spéculateurs dont l'âme s'est embourbée
Dans la boue de vos cœurs par les vices absorbés ?

De quel droit riez-vous de nos sorts d'employés,
En montrant vos dents et à gorge déployée,
Alors que sans nous votre vie serait absente
Comme une montée ne peut être sans descente ?

De quel droit créez-vous un monde économique
Fait d'actionnaires avides à l'esprit tant cynique,
Qu'ils ne parviennent pas à voir la vérité
Que seul l'amour est créateur de liberté ?

De quel droit faites-vous de vos ans éphémères,
Des accumulations inutiles sur terre,
Puisque, sûr, vous passerez de vie à trépas
Autant que tous ceux dont vous spoliez les repas ?

.../....

De quel droit abîmez-vous l'ensemble du monde
En polluant sa vraie nature aux molécules rondes,
Pour de futiles pouvoirs et vaines obsessions
Qui font que votre âme n'est pas votre passion ?

TOUS ESSENTIELS

Les forces de vie en proviennent !
En chaque objet et chaque être,
En tout fait quoi qu'il advienne,
C'est l'Univers, Le Grand Être !

Tout de tout sort de son antre,
Rien ne lui est extérieur !
Son centre est dans tous les centres !
Son cœur est dans tous les cœurs !

Comme la fine rosée
Reflète tout ce qui est,
Tout de lui est exposé
Montrant partout ce qu'il est !

Les éléments relatifs
Révèlent d'eux son essence ;
Positif et négatif
Sortent de sa quintessence !

Ainsi tout est un miroir :
Les faces d'une médaille,
Le blanc opposé au noir,
Le parfait envers la faille !

Sa nature n'est pas le vide
Qui vraiment s'il existait,
Dévorerait tout, avide,
Et deviendrait ce qui est !

Alors, lecteur ou lectrice,
Tu n'es pas sans importance
Car sans toi tout serait lisse
Ou, mieux dit, sans existence !

LE RESPECT

En nos jours actuels, en moult relations humaines,
Quand il n'est ni absent, ni bafoué par la haine,
Ni l'art de ceux qui ne parlent pas comme il faut,
Le respect, pur et vrai, fait bien souvent défaut !

Un sourire commercial en est l'évidence,
Quand il indique une hypocrite connivence !
Nombre d'employés subissent des chefs despotes,
Pour préserver leur travail ou qu'on ne leur ôte !

Des travailleurs n'expriment pas leur désaccord
A leur patron dont la voix sonne comme celle d'un cor !
Des flagorneurs savent séduire l'esprit des gens
Pour s'accaparer leur succès ou leur argent !

Des bandits tuent et volent sans rien acheter
Et aiguisent leurs couteaux par leur lâcheté.
Des politiques mentent et font croire en des rêves
Autant faux que voir un cadavre qui se lève !

Des journalistes annoncent certaines nouvelles
En ne disant pas ce qui les rendrait moins belles !
Des entreprises falsifient des documents
Pour mieux vendre par de frauduleux arguments !

Des égocentriques obsédés par leur nombril
Ne regardent même plus les gens de leur ville
Et ne peuvent donc pas penser au bien des autres,
Trop engloutis dans leurs penchants où ils se vautrent !

Ainsi, partout, vols, tromperies et oppressions
Quand ce ne sont pas mépris, viols ou agressions,
Démontrent que pléthore de gens sont dans l'erreur
En n'agissant pas pour le bien et le bonheur !

Pourtant, sur toute la surface de la terre,
Moult hommes et femmes ont conscience, sans plus se taire,
Que pour bien vivre vraiment, il faut le respect
Dont la merveilleuse conséquence est la paix !

REPENTIR

Vie qui m'anime, ères et siècles du temps,
Jours d'espace qui génèrent tous les printemps,
Énergie des mondes, éternelle en moi,
Création de tout, Dieu unique et Loi !
Je parle à ta Conscience par la mienne,
Me prosternant pour l'unir à la tienne,
Pour t'avouer chacun de mes regrets
Et que tu vois que, de toi, je suis près !

J'ai eu tort, vraiment, de pécher sciemment
Voire de le produire inconsciemment,
Que ce soit alors par simple ignorance
Ou pour vaincre autrui par vile appétence !
J'ai eu tort d'agir mal par mes pensées,
Par mes mots ou mes actes du passé,
Que ce soit de manières spontanées
Ou par calculs malsains et erronés !

J'ai eu tort de le créer par orgueil,
Par panique ou refus de quelque deuil,
Pressé de réaliser mes désirs,
Idolâtrant de pernicieux plaisirs !
J'ai eu tort de préférer l'indolence
Quand il fallait agir avec vaillance
Et de profiter d'abus de pouvoir
Pour me réjouir de toujours plus avoir !

J'ai eu tort d'obéir à mes faiblesses,
D'oublier qu'advient toujours la vieillesse,
De chercher à ne jouir que par les sens
En m'écartant de ta divine essence !
Mais je sais ô Présence, vive lumière,
Puissance infinie même dans les pierres,
Que tu m'as créé pour vraiment connaître
Que l'absolu est l'essence de l'être !

LES ARMÉES DE LUMIÈRE

Nul doute, en tous nos siècles, en tous nos pays,
Des clans de toute sorte et de toute nature
Découpent le monde, le fractionnent et le fissurent
En parties et réseaux qui se sont toujours haïs,
Fratries idéologiques alors différenciées
Pour profiter des pouvoirs auxquels elles se sont fiées !

Qu'elle se lève, l'armée d'amour, contre ces forces
Qui effritent le monde de leur tranchante erreur,
Qui confondent l'intellect aux sentiments du cœur
Comme l'on confondrait le fruit avec son écorce
Dans la vision superficielle qui ne voit rien
Que ce qui est porté et non ce qui le soutient !

Qu'elle se dresse, l'armée des sages, contre ce mal
Et qu'elle abatte ses glaives d'harmonie sur tout,
Afin que les craquelures se remplissent partout
De conscience de ce qui est fondamental
Et de compréhension de ce que nous sommes :
Unité secrète en soi de femme et d'homme !

Qu'elle agisse, l'armée des maîtres, contre ces torts,
Et qu'elle brûle de sa lumière éblouissante,
Les notions de ces entités ignorantes
Tant fatales à leurs penseurs à l'esprit mort,
Et qu'elle leur fasse bien comprendre que les étoiles
Désignent l'infini que leurs yeux fermés voilent !

Qu'elle clame, l'armée des saints, contre ces partis
Qui jettent la paix dans le gouffre de la peur
Et forcent les peuples à vivre dans la torpeur
Ou dans les guerres, pour être forts et nantis ;
Oui, qu'elle clame sa puissance de vie et de joie
Jusqu'à les faire trembler d'amour et de foi !

…/…

Nul doute que notre époque dont tant a manqué
Comme de devenir enfin l'union de tout,
Sera pourtant celle qui guérira les fous,
Qui saura que partager n'est pas risquer
Et qui éradiquera toutes les misères
En faisant savoir que nous sommes tous des frères !

HISTOIRE DE CHASSEUR

Chasseur tient son fusil
Et lapin pousse un cri
En voyant dans son champ
Cet assassin méchant.

Le chasseur voit lapin
En dessous d'un grand pin ;
Lapin saute et se presse
Refusant que l'agresse
L'homme voulant sa peau
Puis sa chair au fourneau !

Chasseur tire au fusil
Mais lapin s'est enfui
Et chasseur le poursuit
Et arrive à son nid.

Allant tirer encore
Dans le trou du terrier,
Un texte soudain en sort
Disant : C'est jour férié,
Interdit de chasser
Ou faire trépasser
Surtout un doux lapin
Qui court sous les grands pins !

Le chasseur ébahi,
Pensant être trahi
Par la loi établie,
S'en retourna chez lui !

La morale de l'histoire :
Il faut vraiment savoir
Ne pas sous estimer
Tous les êtres animés !

CERTAINS VIEUX

Des vieux sont seuls avec leur temps
Qui est passé depuis longtemps ;
Tristes, ils jalousent les instants
De jeunes joyeux et contents.

Des vieux sont là presque immobiles
Sur les bancs publics de la ville,
Assis comme ils ont l'habitude
En marmonnant leur solitude.

Des vieux, vivant aussi en couple,
Dont les corps lents ne sont plus souples,
Se figent, amers, dans leur jardin
Pour voir passer les citadins.

Des vieux alors sans engouement
Pour ce qui fait les bons moments,
Attendent mais sans rien attendre,
Sans voir ce qu'ils devraient apprendre.

Ces vieux ont ainsi oublié
Qu'il n'y a rien qui pourrait nier
Leur âme, aux forces illimitées,
Dont l'essence est la liberté !

DEVINEZ

Elle est froide ou elle est chaude,
On s'en prive ou on s'en gave,
Rare comme une émeraude
Ou abonde et en déprave.

Fait soit plaisir soit souffrir,
Qu'on soit jeune ou plus âgé,
Car fait vivre ou fait mourir
Quand elle est mal partagée.

Tue quand elle manque trop,
Joie quand elle est suffisante
Et proie de chimistes escrocs
Qui la rendent empoisonnante.

Elle est aussi délectable
Quand la créent des maîtres d'œuvre
Qui nous invitent à leur table
Pour déguster leurs chefs-d'œuvre.

Là vous devinez bien sûr,
C'est ainsi la nourriture !

AMUSANT

La chambre clignote car les bougies allumées
Font trembler la lumière de leurs flammes animées !
Un corps est allongé sur un vieux lit abîmé ;
Il est maigre et raide comme un grand roi embaumé.

Une femme est assise sur un banc près de lui
Et lit à voix basse pour ne pas faire de bruit.
Il semblerait bien que dehors chuchote la pluie
Pour aussi respecter le silence de la nuit.

Les bougies fondent très lentement et diminuent
En devenant de plus en plus petites et menues.
Pourtant la femme lit sans arrêt et continue,
Plissant ses yeux bleus dans l'obscurité advenue.

Alors d'un violent coup de reins le corps se redresse,
Se met en position assise et crie : Diablesse !
Ne vois-tu pas, servante, que la lumière baisse ?
Cherche d'autres bougies et qu'elles brûlent sans cesse !

Puis l'homme se recouche et dit la phrase suivante :
Ces pannes d'électricité sont très décevantes !

PROMENADE À LA CAMPAGNE

J'aime la pluie qui plane
Dans le doux vent qui flâne ;
L'abeille qui se pose
Sur une fleur éclose.
J'aime l'éclat des roses
Qui, au jardin, s'exposent,
Étoiles de la terre,
Aux papillons qui errent.
J'aime le chant des pierres
Qui se frottent aux rivières
Et celui des oiseaux
Nichant dans les roseaux.
J'aime les arbrisseaux
Qui s'abreuvent aux ruisseaux
Quand décorent les prés
Les bétoines pourprées.
J'aime l'odeur des bois,
Qu'un chien au loin aboie,
La course d'un lapin,
Les blés qui font le pain.
J'aime la libellule
Qui comme une virgule
Ponctue l'eau d'un étang
Sans s'occuper du temps ;
La bise qui caresse
L'herbe qui se redresse
Puis se penche vers moi
Comme si j'étais son roi !

NOTRE MONDE

Un volcan gronde imitant le tonnerre
Ou le fracas des bombes d'une guerre ;
Moins puissant que la force des armées
Qui peuvent désormais tout décimer
Sur la terre qui souffre immensément
Des choix des états aux actes déments.

Des pays nantis bien plus que les autres,
Se targuant de comprendre les apôtres,
Étendent leurs tentacules avides
Pour tout saisir de ce monde qu'ils vident
En spoliant ainsi l'or d'autres nations
Et corrompant leurs chefs par transactions.

Des peuples entiers parcourent des déserts
Pour fuir les violences de tortionnaires
Qui se vengent, alors, d'être malheureux
En faisant d'autrui quelqu'un de peureux
Ou en le tuant à coup de terreur,
De feu, de hache, de hargne et de fureur.

Pourtant des foules s'amusent gaiement,
Dans des parcs d'attractions, sereinement,
Au sein de frontières qui les protègent
Mais non des poisons qui, comme la neige,
Flottent dans l'air mais invisiblement,
Et créent des maladies, sournoisement.

D'autres multitudes humaines, harassées,
Autant en nos jours que par le passé,
Exténuées par des travaux épuisants
Aux bénéfices de patrons méprisants,
N'ont pour se reposer que peu de temps
Puisque leur labeur est dur et constant.

Parfois même ces travailleurs des âges,
Exploités, toujours traités sans ambages,
Sont des enfants dont les corps amaigris
Ne sourient plus, leur esprit trop aigri ;
Alors les yeux vides, ils ne savent pas
Pourquoi des tyrans les poussent au trépas.

Ainsi est le monde en nos temps actuels,
Moderne et vieux en ses torts habituels,
Occupé à s'enrichir ou survivre
Selon l'histoire dont parlent les livres,
Mais capable de chefs-d'œuvre sublimes
Quand l'art essaie de combler ses abîmes !

L'INJUSTICE

D'où vient-elle ? C'est la bonne question
Tant elle fait souffrir depuis des ères ;
N'étant que rarement une fiction
En tous lieux hormis, certes, les déserts.

Comment pourrait-elle donc exister
Si les hommes partageaient ce qu'ils ont,
Ou s'ils n'avaient pas de cupidité
Qui brûle en leurs cœurs comme des tisons ?

Comment pourrait-elle ainsi durer
Si les gens savaient de façon dense,
Que chacun d'entre eux, pour perdurer,
Reçoit tout de l'interdépendance ?

Savent-ils les injustes personnages
Qui volent ou dépouillent leurs pairs du monde,
Que les gueux ont bien plus qu'eux du courage,
Autant vraiment que notre terre est ronde ?

Comprennent-ils que sans leurs addictions,
Exagérations de vaines envies,
Personne ne serait en perdition
Dans les gouffres des manques de sa vie ?

Asservissement d'autrui par des rois
Ou par des lobbies aux puissants pouvoirs
Qui peuvent annuler ou vaincre les lois
Et dont les méfaits saccagent l'histoire !

Rêves secrets de ceux qui ont moins qu'eux
Et qui veulent à tout prix prendre leur place
En devenant des êtres belliqueux
Pour spolier encore plus la populace.

Attachement toujours plus grand à avoir
Pour posséder de plus en plus de choses
Y compris de plaisirs sans rien devoir
Afin de fuir leurs multiples névroses.

Mais pourtant tout serait vraiment mieux
Si riches et pauvres, pour être heureux,
Savaient voir en contemplant les cieux,
Que les plus grands trésors sont en eux !

D'où vient-elle ? Appelle donc la réponse
Que chacun de nous doit s'éclairer,
Comme devient lisse ce que l'on ponce,
Afin de pouvoir se libérer !

NOS VILLES

Des immeubles se dressent tels des arbres de pierre,
Parfois sombres et lugubres, parfois brillants et fiers,
Dans nos dures cités, forêts de violent béton,
Qui frappent le regard vide et blasé des piétons.

Souvent les appartements ou pièces minuscules,
Preuves d'une société moderne qui recule,
Sont très chèrement loués à de nombreux étudiants
Ou à des ouvriers, mais jamais à des mendiants.

Puisqu'il y a pénurie d'endroits pour pouvoir vivre,
Cause de gens qui vivent sans abri et s'enivrent
Pour lutter contre le froid du temps comme des cœurs,
Des loueurs s'enrichissent, profitant de la peur.

C'est ainsi que tout se fait dans nos villes terribles
Où nombre de personnes sont trop souvent la cible
De bailleurs avides qui veulent plus de richesse
En faisant alors obstacle au bien commun, sans cesse !

« Mais c'est notre droit ! » clament les marchands égoïstes
Dont les gains amassés sont ceux de matérialistes
Inconscients d'être la cause de disparités
Qui détruisent, autant pour eux-mêmes, la liberté !

Rien n'a vraiment changé en cette nuisible époque,
Des gens sont trop riches durant que d'autres sont en loques.
Et montent dans l'atmosphère au dessus de la terre,
Des gémissements que seul peut générer l'enfer !

SALAIRES DES FEMMES

Puisque, par leur être, elles démontrent avec évidence
Qu'elles détiennent le pouvoir qui crée les naissances
Dont elles ont le courage inné de porter le fruit,
Les femmes devraient recevoir des hommes, un appui
Et une reconnaissance de leurs aptitudes
En étant payées autant qu'eux, correcte attitude.

Bien sûr, il n'y a que depuis quelques décennies
Que du droit de voter, elles ne sont plus bannies,
Pouvant être reconnues dignes d'intelligence
Et d'exercer des fonctions dans les arts, dans les sciences,
Dans les commerces et toutes autres sortes de métiers
Qu'elles savent maîtriser souvent mieux que leurs moitiés.

Encore aujourd'hui, en moult pays démocratiques
Qui disent rendre la justice ou qu'ils la pratiquent,
Les femmes sont moins rémunérées que beaucoup d'hommes,
Fait prouvé par leurs fiches de salaires et leurs sommes
Et, de surcroît, c'est vraiment à compétences égales,
Ce qui peut impliquer que mâle vient du mot mal.

Certains diraient que c'est mieux que dans d'autres pays,
Où elles sont torturées, lacérées et haïes,
Violées et privées de toute liberté essentielle,
Par exemple marcher seule, dehors, sous le ciel,
Ou conduire en voiture leurs enfants à l'école ;
Injustices violentes pouvant les rendre folles.

.../...

D'autres alors répondraient que le choix d'un médecin,
Quand il apprend que quelqu'un de malade et non sain,
N'a pas une maladie conduisant à la mort,
Est pourtant de tout faire au mieux pour soigner son corps :
Le mal ne se juge pas par quelque quantité
Mais par la privation qu'il est d'une liberté !

Alors messieurs, écoutez s'il vous plaît vos consciences,
Ayez l'esprit juste quand vous voyez vos alliances
Car elles sont à vos doigts l'emblème de l'amour
Que vous clamiez à vos femmes en leur faisant la cour ;
Et si vous vivez seul ou êtes un homosexuel,
Pensez bien que vous êtes en ce monde, apparus d'elles !

L'ESPACE UNIVERSEL

Il est aussi au cœur des choses,
Là où vibrent toutes les causes,
Ainsi surprenant et secret.

L'esprit savant souvent discret,
Sait cette vérité profonde
D'où provient la beauté du monde.

Étendues visuelles ou tactiles
Selon le sens qui est utile
Pour le saisir et le connaître.

Il est aussi au fond de l'être
Comme au delà de tout objet
Et lieu d'essence des sujets.

Toutes les particules y dansent
L'une avec l'autre, à leur cadence,
Pour s'aimer et s'unir enfin.

Il ne peut pas avoir de fin
Ni de réel début en lui,
Qu'il soit vide ou goutte de pluie.

Sa substance semble illusoire,
Voire invisible ou dérisoire,
Mais elle est présente en tous lieux.

Il est une partie de Dieu
Comme le temps également
Qui, lui, rythme le mouvement.

Producteur des brillantes étoiles,
Tel un peintre créant sa toile
De l'infinité temporelle,
Il est notre corps éternel
Et simultanément aussi,
Notre présent et notre ici !

LES VILS ACTIONNAIRES

Excités comme des chevaux sur un champ de courses,
Quand soudain descendent ou montent les cours de la bourse,
Ils courent chercher l'or qu'ils ont toujours adoré
Et leurs dents sortent de leur cœur pour tout dévorer !

Essayons de les comprendre et de compatir,
Ce n'est pas facile de devoir autant souffrir
Qu'il en faille, en permanence, vouloir plus d'argent
Même si, pour cela, il faut faire mourir des gens !

Mais c'est le monde de la loyale concurrence
Et du droit à toujours amasser plus de finances,
Même si c'est aux dépens de millions de personnes
Ne recevant que peu de ce que le travail donne !

Nombre d'actionnaires sont heureux quand ils revendent
Une usine qui augmente ainsi leurs dividendes,
Sans se soucier du sort tragique des employés
Qui en sont, en conséquence, exclus ou licenciés !

Ainsi sont les règles financières sans limites
De beaucoup de pays qui jamais ne les évitent
Et font, pour elles, des fêtes et des feux d'artifice
En tuant comme les bombes qui n'ont rien de factice !

Attention à vous, peuples des pays de ce monde,
Si la planète devient lentement moribonde,
C'est parce que sont laissés libres les actionnaires
Dont les activités sont celles de mercenaires !

.../...

Attention à vous, gens cupides qui, pour vos gains,
Empêchez que repoussent sainement les regains
Que, comme les légumes et les fruits, vous polluez,
Car un jour vous serez même par vos fils, hués !

Qui ? Oui vraiment qui pourrait indéfiniment
Altérer tout pour toujours plus d'émoluments,
Sans que vienne un temps relatif à ce qu'il cause
Pour lui faire subir les effets de ce qu'il ose ?

Le plus triste en ce sujet d'actionnaires avides,
C'est qu'ils pourraient bien mieux remplir en eux les vides
S'ils préféraient favoriser le bien commun
D'avoir conscience que nous sommes tous comme un !

LA CITÉ

Cité de lumières dirigées sur ses riches,
Ses pauvres, seuls, dehors, sans même une niche,
Qui ne protège, de son corps, que le haut
Alors que c'est le bas pour marcher qui vaut !

Cité de beauté maquillée d'illusion
Comme un chat voulant se prendre pour un lion,
Qui pousse dans les rues ceux qu'elle abandonne
En les offrant au dédain d'autres personnes !

Cité de grandeur plus basse que ses tours,
Qui, même la nuit, veut se croire en plein jour
Hormis dans ses coins où sont les miséreux
Loin des citoyens qui chez eux sont heureux !

Cité de médias enfantés par le sang
Des guerres du monde aux cris tant perçants,
Mais qui oublie pourtant tous ceux qui, en elle,
Pleurent et souffrent sans que cela l'interpelle !

Cité de fêtes organisées par ses chefs
Mais trahie par son masque qui, d'un coup bref,
Tombe dans la chute d'un mendiant qui meurt
Devant des gens l'ignorant tels des dormeurs.

Cité néfaste par mauvais choix éthiques,
Qui ne sait pas encore à quel sort tragique
Elle sera condamnée, assurément,
Si elle n'agit pas solidairement !

UNIS

N'omettons pas de comprendre qui nous sommes
Dans nos relations, nous les femmes et les hommes.
Il n'y a rien dont nous puissions profiter
Sans le travail d'une quelconque entité ;
Qu'elle soit un groupe, une entreprise, une personne
Ou une association d'êtres qui raisonnent,
Qui pensent et agissent et qui créent quelque chose
En étant ainsi de nos profits la cause.
Chacun de nous est une partie des autres
Et chaque bienfait doit se dire le nôtre
Puisque pour que celui-ci nous soit offert,
Il faut alors de quelqu'un son savoir-faire !
Comment écrire un texte sans l'invention
D'une machine à écrire ou d'un crayon ?
Comment peindre un tableau sans toile ou pinceau
Ou transporter à pied de l'eau sans un seau ?
Comment bien voyager sans automobile,
Sans train, ni avion, ni route entre les villes ?
Comment manger un repas sans cuisinier
Ou un gâteau aux pruneaux sans pâtissier ?
Comment voir un film sans réalisateur ?
Comment vendre des produits sans acheteur ?

Certes, l'action de payer par notre argent
Semble assurer d'être indépendant des gens ;
Mais par le fait de devoir en permanence
Recevoir d'eux des choses pour l'existence,
Nous devons comprendre que nous sommes un tout
Que nous ne pouvons pas diviser en tout !
Nous formons tous une seule identité
Que nous avons d'ailleurs nommée société.
Sans les autres nous ne pouvons pas survivre,
Comme sans lecteur ne sert à rien mon livre !
Comprenons ainsi tous que nous respecter
C'est protéger nos vies et nos libertés !

ENFER

Il est la grimace craquelée des profondeurs nocturnes,
Qui arrache à l'épais silence les déchirures sonores.

Il est la gluante carcasse qui amasse fortune
Dans les plaies des chairs tendres et les courbatures des vieux corps.

Il est la douleur aigüe de la solitude consciente,
Qui glisse le long des os entre les graisses et les vaisseaux.

Il est l'horreur des tortures qui s'acharnent, répugnantes,
Sur ses victimes blessées remplissant de leur sang des seaux.

Il est la peur visqueuse qui jaillit de la gueule des cris
Et qui crépite dans le feu des obsessions pernicieuses.

Il est le sordide poison mortel de l'espoir proscrit,
Qui taraude les consciences de ses erreurs fallacieuses.

Il est l'image troublée par les pleurs remplissant les yeux,
Qui se liquéfie en des milliers d'étincelles molles.

Il est les escarres et les tassements du dos des plus vieux,
Qui ratatinent les espoirs d'angoisses sombres et folles.

Il est l'obscurité menaçante des très bas niveaux,
Qui cache dans sa noirceur les guets-apens de l'ignorance.

Il est les spectres ou les fantômes qui hantent les caveaux
Pour griffer les peaux de cruels frissons de désespérance.

Il est les vœux frustrés qui interdisent la liberté
Et impriment dans les esprits les maladies névrotiques.

Il est les souffrances violentes et les blessures infectées
Qui font subir aux personnes des déboires machiavéliques.

Mais il est en fait illusion, fausseté voire mirage,
Car il n'est que vision erronée et non celle du sage !

**Poème écrit le 20 mars 1940 par mon père
Albert Schneider, alors qu'il était militaire en guerre**

Ce soir le vent souffle, faible bise tendre,
Soulevant mes cheveux, en un geste câlin
Tandis qu'au couchant, le ciel se laisse prendre
Par les pourpres couleurs d'un soleil au déclin.

Devant ce ciel de mars, et cet astre couchant
Devant ces milles beautés qui charment la créature
Je songe que tout est beau, que voilà le printemps
Et que tout va renaître, dans un ciel d'azur.

Je songe que tout est beau, que tout peut être
Pauvre fou que je suis et pourquoi oublies-tu
Que nous sommes en guerre ? Déjà l'on voit paraître
Des avions, des canons et des hommes qui tuent.

Regarde donc là-bas la Camarde fauchant
Regarde donc la bien, cette hideuse bête
Amassant des cadavres sur de grandes mares de sang
Dans un rictus atroce, elle fauche les têtes.

Te voilà triste enfin, tu as compris la folie
De croire les hommes bons et parfaits en tout point
Tu as compris la bassesse et toute la félonie
Du roi des animaux ; fi ! Tu en es bien loin.

L'homme plus bas que tout, est le plus stupide
Des sots il est le roi, je n'en disconviens pas
Prétentieux, batailleur, il a l'âme insipide
Pour une cause sans nom, pour un rien il se bat.

Et il veut être aimé, il veut être servi
Qu'il aime donc son prochain, cet animal insensé
Et toute la terre entière sera le paradis
S'il offre son cœur et son âme avec bonté.

Pourquoi faut-il hélas, que ces quelques pensées
Viennent simplement en moi, en une morne étreinte
Alors qu'au cœur des hommes, elles devraient s'imposer
Pour qu'à tout jamais, les guerres soient éteintes.

Peut-être qu'un jour, les hommes enfin réfléchiront
Et comprendront la folie de leurs lointains ancêtres
Alors je le sais, bien heureux ils seront
Car il faut s'aimer, pour vivre et pour être.

L'OMBRE

Marchant dans un désert de sable ou de sel,
Mon ombre me suit, toujours sombre et fidèle,
S'accrochant à mon corps comme une ventouse
Même quand je saute sur une pelouse.

Elle m'aime et ne me quitte jamais
Et tout ce que je fais, elle aussi le fait.

Elle s'intègre parfois à d'autres ombres
Et montre le chiffre en effaçant le nombre
Puisqu'elle réussit à bien s'unifier
Avec ce qui est sombre auquel elle est liée.

Mon ombre ne pourra jamais m'éviter
Ou avoir une quelconque liberté,
Ni prendre d'autres attitudes que les miennes
En suivant tous mes gestes qui vont et viennent.

Rassurante en me démontrant que j'existe
Car sans moi rien de ce qu'elle est ne subsiste,
Mon ombre est, sous le soleil, mon négatif
Dont dessine les contours, mon positif.

Elle s'étale où je passe et où je m'installe,
Sur des murs, des meubles, des sièges ou des dalles.

Elle disparaît dans le vent ou le vide
Et elle est de mon âge mais sans les rides ;
Pourtant elle dépend de tout ce que je suis
Puisqu'elle est pour moi ce qu'au jour est la nuit.

Si vous la voyez passer, soyez certains
Que je suis près d'elle, car c'est son destin !

VIVRE
(Chanson)

Vivre pour faire avancer l'humanité,
Pour bien comprendre ce que sont les vérités,
Pour obtenir le droit à nos libertés
Et devenir l'égal de l'éternité !

Vivre pour éradiquer du monde ses erreurs,
Pour guider tous nos pas vers notre bonheur,
Pour aider à ce que nos frères et sœurs
Ne versent plus jamais sur leurs joues, des pleurs !

Vivre pour tenir la main à nos enfants,
Pour leur faire traverser sans danger les temps,
Pour leur dire ce qui est vraiment important :
Faire cesser les guerres qui font couler les sangs !

Vivre pour que soient amis tous les pays,
Pour qu'ils se pardonnent de s'être tant haïs,
Pour qu'ils partagent les richesses de la vie
Et qu'ils soient tous égaux et autant servis !

Vivre pour désintégrer les désespoirs,
Pour mieux éclairer les chemins dans le noir,
Pour tracer dans l'esprit des sillons d'espoir
Où germeront des vœux de paix pour l'histoire !

Vivre pour construire des monuments d'amour
Qui seront pour les miséreux, leur secours
Où ils pourront manger, boire et vivre toujours
Tant qu'ils n'auront pas la force de leur parcours !

COMMENT ?
(Chanson)

Comment voulez-vous que l'on soit heureux sur terre
Quand tant de gens y meurent dans toutes les guerres ?
Comment voulez-vous que l'on soit réjoui et fier
De l'homme qui oublie son frère dans la misère ?

Comment voulez-vous que notre âme s'anime de joie
Quand tant de gens, ici, trahissent nos lois ?
Comment voulez-vous que l'on ne sente pas le poids
De l'homme que la torture terriblement foudroie ?

Comment voulez-vous que l'on n'entende jamais
Les fusils et canons qui creusent en nous les plaies ?
Comment voulez-vous que le mal ne soit pas vrai
Quand partout on se sert de lui pour le progrès ?

Comment voulez-vous que l'on soit content ici
Où souffrent tant de pauvres en notre beau pays ?
Comment voulez-vous que l'on soit vraiment ravi
Quand quelque part on vole ou on détruit la vie ?

Comment voulez-vous que l'on ne pense qu'à soi
Quand des hommes et des femmes sont privés de tout choix ?
Comment voulez-vous que l'on ne dise de sa voix
Que l'homme de l'homme est toujours une proie ?

Comment voulez-vous que la paix règne enfin
Quand la cupidité entrave son destin ?
Comment voulez-vous que disparaisse l'enfer
Quand c'est l'humain lui-même qui devient Lucifer ?

Comment voulez-vous que le bonheur soit sur terre
Quand trop d'envie d'argent pollue l'eau et l'air ?

QUE CEUX
(Chanson)

Que ceux qui ont faim soient rassasiés.
Que ceux qui souffrent soient apaisés.
Que ceux qui saignent soient pansés.
Que ceux qui geignent soient consolés.

Que ceux qui meurent soient priés.
Que ceux qui pleurent soient aimés.
Que ceux qui travaillent soient payés.
Que ceux qui vivent soient respectés.

Que ceux qui sont pauvres soient aidés.
Que ceux qui ont froid soient chauffés.
Que ceux qui ont mal soient soignés.
Que ceux qui tombent soient relevés.

Que ceux qui vivent dehors soient logés.
Que ceux qui se perdent soient guidés.
Que ceux qui parlent soient écoutés.
Que ceux qui jugent soient l'équité.

Que ceux qui volent soient éduqués.
Que ceux qui violent soient arrêtés.
Que ceux qui tuent soient enfermés.
Que ceux qui spolient soient spoliés.

Que ceux qui ont peur soient rassurés.
Que ceux qui sont blessés soient sauvés.
Que ceux qui sont faibles soient portés.
Que ceux qui sont vieux soient protégés.

Que ceux qui sourient soient imités.
Que ceux qui respectent soient respectés.
Que ceux qui savent soient étudiés.
Que ceux qui donnent soient admirés !

UNE CHANSON
(Chanson)

Je voudrai faire une chanson si belle
Que les gens n'entendraient plus qu'elle ;
Ce serait la chanson éternelle,
De l'amour, de la vie.

Je voudrai qu'elle ait aussi des ailes
Pour porter à toutes les querelles
Des messages de paix, de vie belle,
Pour les faire taire ainsi.

Et je voudrai qu'elle charme les cœurs
En leur faisant croire au bonheur,
En leur montrant qu'au fond d'eux-mêmes
Ils n'ont qu'une envie : dire je t'aime.

Et je voudrai qu'elle tue les peurs
En leur faisant sécher les pleurs,
En leur montrant que c'est un leurre
De ne pas croire à son bonheur.

Je voudrai faire une chanson si tendre
Que les gens pourront en comprendre
Qu'il faut donner et non que prendre,
De l'amour, de la vie.

Je voudrai qu'en elle on puisse apprendre
Que le feu des guerres fait des cendres,
Qu'on ne peut monter que descendre
Quand on agit ainsi.

CHANTER EN MON PAYS

Chanter est une manière d'exprimer notre personnalité par l'intermédiaire de ce don octroyé aux êtres humains que nous sommes ! Mais souvent les modes imposées par le marché musical de ceux qui ont le pouvoir de créer des monopoles au moyen de la force dévastatrice de l'argent égoïste, réduisent les possibilités de chanter de manière authentique.

Il existe évidemment des techniques différentes de chant et ce n'est que la subjectivité imposée par les modes elles-mêmes imposées par les monopoles financiers du marché des disques qui empêchent beaucoup de chanteurs de chanter vraiment à leur manière. Qui peut imposer les règles à appliquer en matière de technique de chant ? Ce ne sont que les audacieux qui ont résisté aux modes imposées qui ont pu apporter de nouvelles richesses vocales de genres différents et certes, une partie des modes proviennent d'ailleurs de ces résistants. A mon avis, les seules techniques efficaces sont celles qui apportent du plaisir authentique au chanteur et à son auditoire sans que ce dernier ait l'esprit enclavé dans des idées préconçues imposées par les monopoles qui forcent à croire que ce qui est valable à écouter pour en être satisfait n'est que ce qu'ils produisent en tant que mode.

Franchement qui pourrait avoir l'outrecuidance d'affirmer qu'Edith Piaf chantait mal parce que c'est Céline Dion aujourd'hui qui impose le style vocal américain de la plupart des chanteuses internationales ?

Il est facile de constater que depuis quelques années, ce sont surtout les chanteurs à voix douce ou faible qui ont le plus d'opportunité d'être produits par les maisons de disques en France. Comme si les chanteurs à voix puissante, hormis ceux d'un certain passé qui ont encore du succès et continuent donc leur carrière puisque celle-ci rapporte beaucoup d'argent aux monopoles de ce marché, étaient devenu de mauvais chanteurs au talent détestable. On entend d'ailleurs parfois dire dans des émissions télévisées, par des professionnels artistiques ou journalistiques, que ces chanteurs à voix puissante sont d'un genre classique pour ne pas dire désuet ou mauvais; pourtant ce genre classique redeviendra un jour à la mode quand le marché aura épuisé toutes ses ressources d'autres genres. Nous le constatons par exemple dans la mode des vêtements et des chaussures. Actuellement, en 2019, on voit dans beaucoup de magasins, des chaussures et des vêtements femmes et hommes que l'on portait il y a 20 ou 40 ans.

Pour ma part, je considère que chanter authentiquement, c'est-à-dire exprimer par sa voix utilisée d'une manière libre, et dans un genre musical librement choisi, des émotions, des sentiments et des messages, est le seul cas d'un véritable apport de richesse culturelle pour la société ! Le reste ne sera que copie ou conformisme impliquant la platitude et non la diversité !

Cet article a l'ambition de partager quelques informations pour tenter de démontrer que les injustices produites par le pouvoir de l'argent de notre époque, desservent la richesse culturelle et ainsi une partie du bonheur social. Ce qui plait authentiquement, lorsque le mental est libéré de l'enclave des modes et de leurs idées préconçues, est à mon avis ce qui est beau en tant que reflet partiel de l'harmonie universelle et ce qui correspond à la véritable personnalité de la personne du public qui reçoit l'œuvre de manière libre, sans influence permanente interférant avec ses véritables goûts ! Celui qui aime autant Charles Aznavour qu'Elvis Presley, par exemple, prouve au moins qu'il n'est pas enfermé dans l'enclave des modes ! Cela lui permet notamment d'aimer plus d'artistes et plus de genres musicaux ou de façons de chanter et ainsi lui octroie plus de quantité de satisfactions !

J'affirme que c'est pour des raisons mercantiles et des raisons d'esprit sectaire de mode influençant, par privatisation des médias, les gens, que les professionnels de la musique écartent en grande partie de leurs diffusions, des genres qu'ils considèrent archaïques parce qu'ils savent pouvoir acquérir des gains faciles avec les acheteurs les plus influençables emportés dans les phénomènes des modes imposés par la guerre économique. Mais nous entrons désormais, en ce nouveau siècle, dans l'ère de la spiritualité, c'est à dire de la découverte de la vérité de soi et que le bien commun est le salut de tous les êtres humains. Ainsi, nous allons tous nous libérer des propagandes et nous rendre compte que la beauté ou ce qui nous plait correspond à ce qui est harmonieux et non à ce qui est artificiellement en vogue. Il n'y aura plus de ségrégation par les modes et ce seront les goûts authentiques qui caractériseront les choix du public. Ainsi, tous les genres musicaux seront respectés quand ils seront talentueux et un reflet de l'harmonie de notre vérité d'être. Seule l'émotion positive véritable ressentie définira le plaisir procuré à quelqu'un par un artiste et son expression. Ce ne sera plus par un embrigadement inconscient dans quelque style. Les vendeurs de disques auront l'esprit ouvert non seulement pour respecter commercialement tous les goûts importants, mais aussi parce qu'ils sauront que l'art et la culture sont avant tout des vecteurs de partage pour l'évolution des consciences. Les sons de certains instruments et leur rythme ne sont pas plus qualitatifs que d'autres car il suffit que tous correspondent à de l'harmonie faisant vibrer positivement quelqu'un, afin d'être digne de respect. La loi de l'univers est l'amour et non celle du sectarisme pour des motivations égocentriques de pouvoir ou d'enrichissement pécuniaire. Enfin l'humanité va savoir que sa vraie fortune est son âme et le respect entre tous !

Par Conséquent je suis respectueux et amateur des multiples genres musicaux qui me plaisent et si je défends la variété française, c'est parce qu'elle est l'expression artistique que je préfère pour mes chansons; elle subit moult injustices par des producteurs sectaires n'hésitant pas à sacrifier leur culture ou celle d'autrui pour essayer de gagner encore plus d'argent et, ce, souvent sans succès d'ailleurs ! Le partage équitable n'est pas encore la volonté des sociétés.

MON ÉTHIQUE DE CHANTEUR

La variété française est donc le domaine de prédilection du chanteur français que je suis ! Pourquoi être devenu un auteur-compositeur-interprète (A.C.I.) de la chanson française qui rebute les producteurs et les éditeurs focalisés sur les genres pop, rock et rap ? Parce que la vérité pour un artiste est mieux que tout subterfuge pour réussir sa carrière ! Je suis issu en tant qu'artiste de la génération des années 70 et 80 et je demeure admiratif des belles mélodies aux multiples genres musicaux.

Je ne veux pas délaisser mon inspiration authentique et je ne veux pas imiter les jeunes chanteurs des générations ultérieures figées dans des styles obligés. La preuve en est qu'il n'y a quasiment plus d'A.C.I. de grand talent et de grand succès public qui émergent dans les médiatisations télévisées et radiophoniques. Il ne reste quasiment plus que des interprètes qui revisitent les anciens succès des générations du passé, voire qui ne chantent que des chansons ressemblant à celles déjà créées. Certes, il y a toujours quelques exceptions qui confirment par conséquent que la règle est bien ce que j'évoque ici.

Puisqu'il ne reste apparemment plus que la préoccupation financière pour ceux qui décident aujourd'hui les diffusions radiophoniques des chanteurs français, le public subit donc leur monopole de productions qu'ils imposent sans respect d'une authentique et suffisante variété de genres. Alors, pour le public féru de cette variété riche de multiples sortes de créations, il ne lui reste quasiment plus que l'accès aux anciens succès des grands artistes du passé plus ou moins proche. A la télévision, les émissions musicales laissent une grande part du temps d'antenne aux concours de chant dans lesquels le nombre des chansons anglophones y est toujours plus important ; est-ce pour essayer d'imposer l'idée que la langue française chantée n'est pas artistique ?

Qui plus est, dans ces concours, encore aujourd'hui en 2019, ce sont seulement des interprètes, très talentueux souvent, qui y sont conviés alors qu'il y aurait tellement plus à proposer en richesse musicale et artistique par l'ajout d'auteurs-compositeurs-interprètes apportant leurs nouveautés intéressantes ! Comme si cela ne suffisait pas, j'ai eu plusieurs fois la preuve que beaucoup de ceux qui peuvent y participer sont des chanteurs dont les clans professionnels ou sociaux, voire parfois politiques, auxquels ils appartiennent, ont l'influence pour les imposer. Puisque le seul clan auquel j'appartiens est l'humanité entière, je ne peux donc pas bénéficier de ces privilèges et, de ce fait, c'est au moins l'une des raisons pour laquelle je ne suis jamais parvenu à approcher ces compétitions quand j'étais plus jeune.

Je n'en suis pas aigri car par l'avènement d'Internet, je peux enfin obtenir une meilleure audience me permettant, peu à peu, de faire entendre mes chansons aux publics que je recherche. Cela demande beaucoup de travail mais je ne m'en lasse pas car ma motivation est la passion de partager musicalement mes concepts positifs pour le bien commun et cela me procure une force morale puissante ! Ainsi, peut-être qu'avant d'être trop vieux ou disparu, je pourrai enfin faire des concerts importants où j'aurai la chance de communier avec mes publics dans le don mutuel de notre harmonie !

Je me dois d'honorer en ce bref exposé, le réseau de radios de l'association Quota et le site Ondomaniac qui pour lutter contre les dominations des monopoles musicaux, permettent aux artistes indépendants de diffuser leurs chansons selon l'intérêt de leurs radios partenaires évidemment. J'ai donc eu la chance d'obtenir de nombreuses diffusions de mes chansons par ces radios qui ont chacune des dizaines de milliers d'auditeurs.

Je suis persuadé que dans des temps futurs, il y aura des chaînes de télévisions et des radios de diffusions nationales qui seront réservées à tous les artistes et que tous les publics auront la possibilité de découvrir l'ensemble des créateurs musicaux selon leur choix. Chacune et chacun pourront découvrir les artistes qu'ils voudront selon des critères de sélections de ce qu'ils aiment ou de ce qu'ils recherchent et pourront également acheter les œuvres qu'ils leur plairont assez pour cela !

Pour conclure cet article, je voudrai évoquer en quelques lignes le bien actuellement limité d'Internet. Les personnes qui sont nées avant l'avènement de cet outil magique de communication mondiale, ont des habitudes qui ne les motivent pas à utiliser ce moyen relationnel quand ce n'est pas la complexité indéniable de cette invention numérique. Pour mes affaires artistiques, j'utilise un ordinateur de bureau et il y a tellement de paramètres qui entrent en compte pour son fonctionnement demandant de nombreuses connaissances, que je comprends que des gens qui n'ont pas appris à l'école l'utilisation de ce genre de matériel, ne soient pas enclins à l'utiliser. De ce fait, ce sont surtout des jeunes jusqu'à 25 ans qui consultent mon site d'artiste, élément statistique que je peux vérifier sur mon compte Google analytic, parce qu'il y a un grand pourcentage de gens plus âgés qui n'a pas d'ordinateur ou qui l'utilise peu souvent. De même pour les téléphones portables ou les tablettes

tactiles. Puisque souvent les jeunes sont amateurs des modes, ce que je respecte de toute façon, ils ne visitent pas longtemps mon site voire ils le rejettent de suite quand ils ont l'occasion de le découvrir. D'ailleurs il est remarquable de constater que dès que ces jeunes vieillissent un peu, leurs goûts musicaux changent au moins en partie ou s'élargissent.
De surcroît sur Internet les droits des auteurs y sont bafoués. Pour des centaines de milliers de vues de quelques unes de mes chansons sur Youtube ou Deezer, je n'ai perçu que quelques dizaines d'euros seulement. Ce n'est donc pas un moyen pour moi de subsistance ou de profit car je gagne beaucoup moins que tous mes frais de réalisation.

Mais je ne me décourage pas car c'est un outil prodigieux et je pense que de nombreuses personnes plus âgées que les adolescents ou au dessus de trente ans finiront par découvrir mon site et mes chansons et que peut-être ils les aimeront. Internet est tout de même une invention récente qui en étant, certes, la propriété de ses créateurs qui ne savent pas que le monde et ses possibilités n'appartiennent pas qu'à un petit groupe de personnes mais à la collectivité, permet et permettra de plus en plus de possibilités relationnelles positives ! Nous devons avoir de la reconnaissance pour tous ceux qui inventent des outils servant le bien commun, mais les laisser déséquilibrer l'économie mondiale n'est pas un choix constructif pour l'humanité.

Il y aura de plus en plus, heureusement, de milliardaires humanistes et plus tard, quand notre unité originelle sera devenue consciente de la majorité des gens, les créateurs de tout ce qui est imaginable ne le feront que dans un esprit de solidarité. Et plus encore, les richesses du monde seront équitablement partagées ! Dans l'attente d'une telle société idéale, utopique diront certains, il est utile que des artistes créent en étant motivés par le bien commun. J'essaie d'en faire partie !

CRÉER ARTISTIQUEMENT

Je vais ici, évoquer mes convictions concernant les créations artistiques que sont notamment les œuvres livresques, picturales ou musicales afin d'exprimer au mieux possible pour moi ce que sont les motivations de la création.

Je considère que tout être humain a le potentiel de tous les talents quels qu'ils soient mais que dans sa vie, selon son chemin d'être, vient en lui ou non l'envie primordiale de créer artistiquement.

Pour ma part, depuis mon enfance, j'ai toujours été passionné par la musique et l'envie de chanter est apparue en moi spontanément. De même, celle d'écrire des poèmes a envahi ma personnalité à l'âge de 12 ans et je ne me suis pas posé de question sur le bien fondé d'une telle passion. C'est pour partager mon expérience avec le lecteur que j'écris ce texte.

Chacun a des motivations personnelles pour décider de créer artistiquement, mais il est évident que certaines de celles-ci sont parfois erronées. Par exemple, vouloir chanter pour devenir une célébrité dans le but de connaître la gloire et le plaisir de se sentir être quelqu'un, comme si nous n'étions personne avant, n'est pas de qualité suffisante pour obtenir une inspiration efficace. Ce n'est que l'authenticité qui évite le réflexe de l'imitation car vouloir créer pour de mauvaises raisons, fait chercher l'inspiration à l'extérieur de soi puisque celle-ci n'est pas présente en soi ; ainsi chercher à créer sans inspiration intérieure ne laisse comme opportunité que de trouver dans les œuvres des autres artistes la façon de réaliser soi-même une œuvre. Ce qui en résulte n'est alors qu'une copie et non une réalisation personnelle. Une autre motivation à copier provient du fait que, sachant que des artistes célèbres ont du succès, des gens pensent qu'imiter leur genre de création sera pour eux une assurance de même succès public. Mais créer par authenticité ne peut pourtant pas éviter de devoir être quelque peu influencé par les artistes qui nous précèdent. Cette influence est la prise de conscience de l'existence des différents genres vocaux et musicaux afin de pouvoir soi-même utiliser une partie de ce qu'ils sont pour faire selon soi !

Si nous écoutons attentivement des chanteurs exprimer la cause de leur amour du chant, souvent nous nous rendons compte qu'ils disent être fortement enthousiasmés par la musique, de même pour un peintre par la peinture ou un écrivain par l'écriture d'histoires. Cette exaltation est tellement forte en eux qu'ils ont l'envie extrême d'exprimer par leur propre être cette beauté exaltante, car ils communient alors de façon directe avec cette source d'émerveillement. Ils deviennent l'essence même de ce qu'ils aiment profondément. Cela provient du fait que l'être humain est un créateur et que créer ce qu'il aime ainsi l'unifie à cet objet d'amour au point de créer une fusion entre lui et l'œuvre qui les rend indistincts l'un de l'autre. C'est en fait une découverte de soi-même par l'intermédiaire de la création et devenir celle-ci au moment de sa réalisation. Pour l'exprimer autrement, c'est projeter de soi-même ce que l'on est soi-même pour le retrouver et s'y unir par l'expérience de la connaissance de soi ! Autrement dit encore, c'est puiser dans les richesses de soi pour les extraire de soi et pouvoir les contempler et les faire contempler. C'est ainsi la vérité de soi qui exprime une partie de ce qu'elle est, plus ou moins avec talent, pour en connaître la satisfaction de se retrouver ; ce que cherchent les mystiques dans la méditation et l'étude spirituelle, qui retrouvent, eux, par ces moyens, la totalité de cette vérité. Ainsi, chanter, peindre ou écrire, mais je pourrai aussi dire sculpter, dessiner, danser et encore d'autres expressions artistiques, c'est empêcher le silence ou le vide devant soi de cacher ce que nous sommes par l'absence de ce que nous sommes.

Les objets d'art remplissent aussi d'une satisfaction similaire, les admirateurs qui ne les ont pas créés car ils reconnaissent alors par le fait d'aimer ce qu'ainsi ils admirent, ce qui est aussi leur vérité d'être puisque nous ne pouvons trouver beau ce dont nous ne connaissons pas la nature ou si nous ne savons pas ce que c'est. Pour dire autrement, nous ne pouvons concevoir ce qui est beau si nous n'avons pas en nous la conscience et la connaissance de ce qui a les caractéristiques de cette beauté. Comment pouvoir ressentir du bonheur ou du ravissement, si nous ne sommes pas conscients en nous de ce dont nous faisons l'expérience ; ainsi, l'art nous fait mieux nous connaître, que nous soyons artiste ou admirateur. En tout ceci, c'est donc créer ou admirer pour le plaisir de soi ; ce qui est légitime. Au-delà de ce désir pour soi, il y a ensuite souvent celui de vouloir partager avec d'autres personnes ce qui est créé ou ce qui est admiré.

Vouloir transmettre ses œuvres ou celles d'un artiste est donc une autre motivation de la création artistique. Lorsque quelqu'un a le désir de partager ses créations, on peut dire qu'en général ce qu'il recherche en plus du désir de plaire, c'est qu'autrui bénéficie de son rayonnement créateur. L'être humain n'est pas qu'égoïste, loin de là, puisqu'il est animé par une source qui est en l'occurrence son âme qui, elle, est indépendante des contingences matérielles et contient de manière inhérente la force de l'amour universel. On pourrait contester cette assertion en utilisant l'argument que beaucoup d'hommes et de femmes ne partagent rien, qu'il y a des guerres et que des dictatures endommagent le respect et la liberté. Cela dit, d'innombrables personnes font preuve de grande générosité et de compassion et contrecarrant ainsi le mal, impliquent la question de l'identité fondamentale humaine. Par conséquent, nous sommes bien obligés d'accepter la réalité que des gens sont animés d'intentions bienveillantes envers les autres, ainsi possiblement des artistes.

L'individu connaît une expérience de séparation envers autrui mais également une tentation à s'unir aux autres. L'instinct grégaire est non seulement une réaction positive aux conditions difficiles de l'existence pour en minimiser les épreuves, mais également, une recherche de l'âme en soi. Cette âme étant de nature universelle, elle ne peut se satisfaire d'une séparation avec tout. Voilà pourquoi tant d'êtres s'intéressent aux religions et à la spiritualité hormis ceux qui ne le font que pour implorer une aide quand ils pensent en avoir besoin.

Un artiste ne déroge pas à cette envie intime de créer un lien de communion avec son public. Mais ce ne sont pas tous les artistes qui sont motivés par cette tendance au partage car l'ego peut, par un mental trop individualiste selon le niveau de conscience de la personne, ne faire que désirer recevoir sans donner. L'ego peut être un rempart aux lumières de l'âme qui éclairent le fond de l'être, en les empêchant d'atteindre la conscience objective ou plus précisément, en limitant fortement leur apparition dans la conscience mentale.

Des artistes avouent souvent que leur motivation artistique est de recevoir beaucoup d'amour. En séduisant leur public, ils compensent ainsi leur vie affective. Mais il n'est pas sûr que ce ne soit pas également une quête pour retrouver l'éclat de leur âme. Même s'ils ont manqué de tendresse durant leur enfance justifiant leur quête artistique d'amour, ils peuvent aussi connaître cette profonde envie dans le but de retrouver la communion que leur âme exprime en tant que nature de ce qu'elle est !

La vérité relationnelle des êtres humains est complexe sans que cela nie la réalité que nous sommes tous des âmes incarnées venues sur cette planète pour découvrir par le petit, le divisé ou limité et par la comparaison, ce qu'est la vérité de soi, infinie, indivisible et éternelle !

MÉDITATION

Regarder le monde dans sa diversité est un processus créatif d'évolution de conscience mais cela ne peut aboutir à la perception directe de notre véritable nature. En s'incarnant, notre esprit coupe en partie son lien avec l'infinité de l'univers par les limites sensorielles réductrices qui le font se focaliser sur des perceptions relatives et partielles. Si l'incarnation est le procédé divinement institué pour appréhender ces notions relatives et par comparaison, l'idée de la réalité de l'absolu, elle ne peut nous octroyer un contact direct avec l'énergie universelle si nous privilégions, pour la percevoir, nos sens réducteurs.

Si nous essayons par la conscience visuelle, de pénétrer le secret énergétique, voire la substance fondamentale, de quelque objet, nous serons sans cesse limités à la perception relative du reflet coloré qu'il émane de la lumière solaire qu'il reçoit. De même par le toucher, nous serons limités à la perception de la pression de nos doigts sur les vibrations moléculaires de cet objet qui lui donnent sa forme et sa consistance.

Voilà donc l'obstacle sensoriel qu'ont franchi les étudiants spirituels et à fortiori les maîtres de la spiritualité, en détournant leur conscience sensorielle et mentale vers l'intérieur de leur incarnation. En fermant les yeux et en cherchant paisiblement à ne plus être attentif aux mouvements des contenus des pensées, ni aux phénomènes extérieurs, une personne qui en a la pratique patiente, finit par sentir puis percevoir des réalités énergétiques insoupçonnées dont il se rend compte être plus que le dépositaire, l'essence même ! Il peut certes s'il le veut, contempler comment s'animent ses pensées, quelle énergie travaille à quelque partie de son corps, quel processus surexcite un de ses muscles par exemple, mais il peut surtout peu à peu découvrir, par l'attention à l'intérieur de soi excluant la distraction mentale précitée, les splendeurs du centre de son être.

C'est de cette manière que la prise de conscience des vérités spirituelles peut être atteinte et plus rapidement encore lorsque des maîtres indiquent à leurs élèves des exercices méditatifs qui amplifient ou multiplient les résultats. L'étude des principes spirituels dans certains livres, augmente aussi l'enrichissement des compréhensions pouvant alors servir de tremplin de conscience durant la méditation afin de pouvoir encore mieux hisser l'attention vers les perceptions intérieures qui recèlent les vérités. Pourquoi les recèlent-elles ? Tout simplement parce que la vie de soi provient de l'intérieur de soi ! La partie extérieure de notre corps est évidemment la conséquence de la partie intérieure qui la porte et d'où elle émane. Tout est ainsi ! Pas d'intérieur causal, alors pas d'extérieur, et inversement d'ailleurs mais c'est un autre sujet.

Méditer : Il est préférable d'avoir les yeux fermés en essayant de ne pas penser ; si des pensées apparaissent, il faut les regarder tranquillement sans s'y attacher par quelque raisonnement à leur égard et les laisser ainsi disparaître. Chercher à n'être absorbé que par une seule image apaisante ou inspirante. Se concentrer uniquement sur la respiration. Ou exposer un problème et attendre avec confiance sa solution. Ce sont là quatre des principales manières de méditer au moins durant 10 minutes par jour.

Le secret de la méditation profonde, seule productrice des prises de conscience de notre être essentiel éternel, est évidemment d'extraire la conscience des perceptions sensorielles mais aussi mentales, c'est-à-dire des images provenant de la mémoire sensorielle et émotionnelle des événements que nous avons vécus. Cela ressemble à une définition du sommeil mais ce n'est qu'une ressemblance fallacieuse. En méditation, la conscience demeure vigilante, c'est-à-dire qu'elle ne perd pas son attention de perception en acceptant l'idée que ce qu'elle percevra, ne proviendra pas de ses sens ou de sa mémoire. Alors commence la découverte de la sublime vision intérieure !

BIOGRAPHIE

Patrick Edène est depuis plus de trente ans un auteur, compositeur et interprète professionnel qui a commencé à écrire ses premiers poèmes à l'âge de douze ans.

Mais très vite, il est passionné par la chanson en entendant les célébrités de la variété française des années 70 et il se découvre une grande capacité vocale dont il étudie les possibilités en prenant des cours de chant lyrique.

Il quitte alors le chant d'opéra pour unir ses capacités d'écriture et de chanteur en composant ses premières chansons. Peu à peu il se rend compte des difficiles conditions d'une existence artistique confrontée aux monopoles réducteurs de la culture française, mais il persévère en se créant une destinée d'artiste indépendant.

Certes, il sait que les enjeux économiques planent sans cesse sur les artistes qui peinent, en subissant l'ombre de ces forces vénales, à faire diffuser leurs œuvres dans la lumière publique. Aujourd'hui, il écrit toujours des poèmes, des essais, des scénarii, des pièces de théâtre tout en chantant dans des concerts privés dans lesquels il interprète avec passion, ses nombreuses chansons que le lecteur peut entendre en visitant son site patrickedene.com.

Par les nombreux artistes et partenaires artistiques dont il est devenu l'ami, notamment par ses activités d'acteur ou de figurant dans de nombreux films, il a pu réunir une équipe formidable avec laquelle début 2017, il termine la réalisation du long métrage de sa comédie musicale Le Grand Destin.

Le Grand Destin a été diffusé dans de nombreux concours de festivals internationaux et, en 2017 et 2018, il a obtenu 15 sélections, nominations et prix en tant notamment que meilleur film musical, meilleure histoire et meilleure image. L'objectif est désormais sa distribution nationale et mondiale afin qu'un plus large public puisse le voir.

TABLE